LUSIGNAN

(VIENNE)

1° *Lusignan, le Viaduc, vue prise du Moulin de la Vau-Chiron, au sud;*
2° — *la Vonne, vue prise en amont du Moulin de la Vau-Chiron, sous le Viaduc;*
3° — *l'Église, portail sud et place du Marché;*
4° — — *vue intérieure de la grande Nef;*
5° — — *le bras sud du Transept et le clocher;*
6° *Sanxay, le Château de Marconnay, vue de l'entrée prise au sud-est;*
7° — — — *vue intérieure de la cour;*
8° *Jazeneuil, l'Église, façade latérale sud.*

INDICATIONS PRÉLIMINAIRES

Emporté par la vapeur, le voyageur qui se dirige de Poitiers vers Niort traverse rapidement les deux premières stations, Saint-Benoit et Coulombiers. Puis il roule sur un magnifique viaduc dont il ne peut guère mesurer de l'œil la hauteur, qui est de trente-trois mètres. Ce remarquable monument composé de vingt-deux arches, chacune de quinze mètres d'ouverture, franchit la vallée de la Vonne. Il est l'œuvre de MM. Morandière, ingénieur en chef, Compaing, ingénieur ordinaire, et Escaraguel, entrepreneur, qui l'ont construit de 1853 à 1856 pour la Compagnie du chemin de fer d'Orléans, ligne de Poitiers à La Rochelle. Du haut du viaduc, le voyageur aperçoit une petite ville groupée sur un promontoire veuf de son château: un instant après, il arrive en gare et le grand nom de Lusignan frappe son oreille. Il descend aussitôt, car une ville ainsi nommée mérite bien une visite. Les étranges figures de Mélusine et de Geoffroy à la Grand'dent, ainsi que les armoiries des Lusignan, sculptées sur les portes de la gare, éveillent en son esprit tout un monde de légendes et d'exploits héroïques.

De la gare à Lusignan la distance n'est pas longue. Après avoir laissé à droite le faubourg d'Enjambes, le touriste entre en ville par une porte dont la voûte antique n'existe plus et qu'on nommait jadis porte Marchande. Il peut apercevoir encore la profonde coupure pratiquée à une époque bien reculée, pour isoler le promontoire du plateau, et qui formait le fossé le long du mur de ville. L'église, qu'il ne tarde pas à rencontrer et dont nous parlerons plus loin avec détail, attirera naturellement son attention. C'est le seul monument de Lusignan qui ait survécu à sa gloire. Passant ensuite devant les halles, il gagne bien vite la place du Bail, d'où il pénètre sur la promenade solitaire qui recouvre les fondations du château.

C'est de là qu'il pourra se rendre compte de l'admirable situation et de la puissance de cette forteresse historique qui occupait tout le promontoire entre deux profondes vallées, et dont les tours et les vigoureuses murailles, assises au pied même du rocher, s'élevaient en droite ligne le long de ses flancs pour dominer et envelopper le plateau de leurs défenses. (*Voir l'héliogravure page 5.*) Tout cela a disparu, mais la nature survit à tout. Considérez plutôt cette belle vallée où coule la Vonne, en décrivant une courbe gracieuse entre le promontoire de Lusignan et le coteau occupé par le parc. Née dans le département des Deux-Sèvres, cette rivière arrive à Lusignan en dessinant de nombreux méandres sur son passage à Sanxay, Curzay, Jazeneuil, et s'en éloigne pour arroser Cloué, Celle-l'Évêcault, Marigny et Vivonne, jusqu'au Clain, où elle se jette.

De l'autre côté s'ouvre la vallée de la Font-de-Cé, fontaine limpide et abondante. La basse ville de Lusignan, composée d'une rue unique, mais très longue, l'occupe tout entière au pied du promontoire. C'est la grande route de Poitiers qui, en quittant Lusignan, traverse la Vonne sur le pont de Pranzay.

Le canton dont Lusignan est le chef-lieu comprend les communes de Celle-l'Évêcault, 1,550 habitants; Cloué, 503; Coulombiers, 744; Curzay, 876; Jazeneuil, 1,077; Rouillé, 2,631; Saint-Sauvant, 2,830; Sanxay, 1,562. La population de la ville est d'environ 2,150 habitants, dont 1,850 catholiques et 300 protestants.

Outre la ligne du chemin de fer de Poitiers à La Rochelle, deux routes nationales conduisent à Lusignan, celle de Paris à Rochefort n° 11 et celle de Poitiers à Saintes n° 150. Il y a aussi les chemins de grande communication n°s 1, 2 et 48, qui conduisent de Lusignan à Lussac, à Sanxay et à Vouillé.

La ville ne forme plus qu'une paroisse. Les écoles sont au nombre de quatre : une école laïque de garçons, 130 élèves; une école laïque de filles, 70 élèves; une école congréganiste de garçons, 70 élèves; une école congréganiste de filles, 125 élèves.

L'hôpital, dont les revenus sont de 7,500 francs, est doté de 16 lits civils et 8 militaires. Le nombre des malades est en moyenne de dix.

L'industrie des étoffes ou gros draps qu'employaient les habitants de la campagne était autrefois assez florissante à Lusignan. Aujourd'hui on n'y signale plus qu'une fabrique d'étoffes. Il y a aussi une fabrique de brosses.

Huit foires annuelles et un marché hebdomadaire le mercredi suffisent amplement au commerce qui consiste en céréales, graines de trèfle, luzerne et fourrages, et surtout en bestiaux de toute sorte.

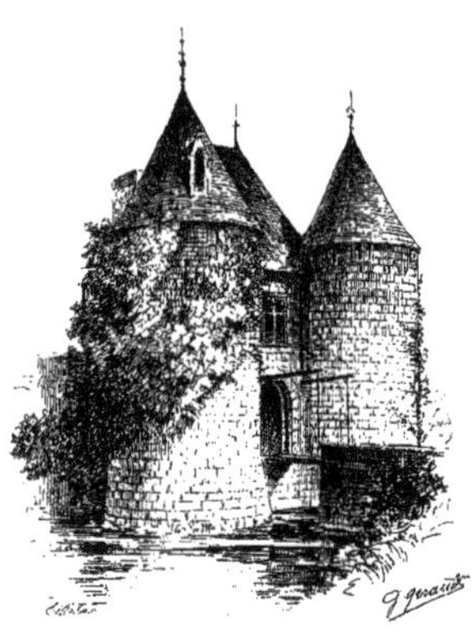

Entrée de l'ancien château de Furzon.

HISTOIRE

I. — LUSIGNAN JUSQU'A SA RÉUNION A LA COURONNE

Le promontoire escarpé sur lequel est assise la ville de Lusignan, environné au nord par la rivière de la Vonne, au sud par des marais que traversait le ruisseau de la Font-de-Cé, constituait dans les temps antiques un lieu naturellement fort où la population primitive dut chercher un refuge. Pour en faire un solide oppidum, les Gaulois n'eurent qu'à le séparer du reste du plateau par une profonde coupure, creusée dans la partie la plus resserrée entre les deux vallées.

Les Romains y établirent un poste militaire, un camp dont le souvenir a été conservé par le nom de *Chatellier* que porte le plateau placé en avant de la ville et à la base duquel coule la belle source de la Font-de-Cé. Le nom de ces eaux limpides dériverait-il de Fons Cæsaris ? peut-être. Quant au nom de Lusignan, *Liciniacus*, 929, *Liziniacus*, 1009, *Lezigniacus*, 1078, *Lezinan*, 1080, on s'accorde, d'après M. Cardin, à en placer l'origine dans le nom romain de Lucinius ou Licinius. C'était sans doute, soit un propriétaire gallo-romain d'une villa située en ce lieu, soit un commandant du camp. Du reste, la civilisation romaine a laissé des traces matérielles dans le voisinage, sur le territoire de la commune de Celle-l'Évesquault. Des substructions et des colonnes antiques ont été découvertes près du château de la Grange, non loin de la Vonne. Le nom de Varnus, donné à ces ruines, leur a procuré l'honneur non suffisamment justifié d'avoir été un temple de Vénus. Quoi qu'il en soit, il y avait bien là des constructions romaines, et le style des colonnes a été comparé à celui des colonnes du temple de Sanxay, situé également dans l'ancien pays de Lusignan (1). Un cimetière gallo-romain a été trouvé dans la même commune de Celle-l'Évesquault, à Écuré, l'antique *villa Scuriaca*, sur les bords de la voie de Poitiers à Saintes (2). Enfin les traces de deux villas romaines auraient été découvertes en face de Pranzay, près de Lusignan, sur la rive gauche de la Vonne (3).

Le camp des *Chatelliers* de Lusignan et le camp des *Chatelliers* de la forêt de Saint-Sauvant, ce dernier encore subsistant avec son vallon rectangulaire de 200 mètres sur 100 mètres, ne doivent pas être antérieurs au IVe siècle. Ils ont été très probablement occupés par les colonies militaires Teifales, d'origine Scythe, transportées et réparties, à titre d'auxiliaires, par les empereurs sur différents points du Poitou, dans le cours du IVe siècle. C'est ce qu'atteste la Notice des dignités, document officiel de cette époque. Ce qui démontre, en outre, la présence d'une ou plusieurs de leurs colonies à Lusignan et dans les environs, ce sont les dénominations de la *Tiffannelière* (commune de Celle-l'Évesquault), la haute et la basse *Tiffaille* (commune de la Chapelle-Montreuil), la plaine des *Scythes*, près Mauprier, au sud de Lusignan. C'est encore l'existence dans le pays, au VIe siècle, des descendants de ces étrangers, presque purs de tout mélange, attestée par Grégoire de Tours, à l'occasion de la mort du duc Austrapius (4).

La cella de Comblé, près de Celle-l'Évesquault, *cella Condatense*, domaine de Saint-Hilaire, servit de retraite à une pieuse femme, sainte Florence, que le grand évêque de Poitiers avait convertie et ramenée de son exil de Phrygie lorsqu'il revint dans son diocèse, en 360. Sainte Florence y vécut en recluse et y mourut en odeur de sainteté. Un sanctuaire vénéré s'éleva sur son tombeau, et, plus tard, vers l'an 1020, l'évêque Isambert transféra ses reliques dans la cathédrale de Poitiers. Peu de temps après, la cella de Comblé fut donnée à l'abbaye de Nouaillé qui y fonda un prieuré dont l'église a été plus tard supprimée et transformée (5).

Celle-l'Évesquault, *Cella Episcopalis*, 1218, était un des plus anciens domaines de l'évêché de Poitiers. Au VIe siècle, le duc Austrapius, gouverneur du Poitou et de la Touraine, coopérateur de sainte Radégonde dans la

(1) Mém. Antiq. Ouest, 2e série, t. VIII, 85, article de M. l'abbé Jarlit.

(2) Bull. des Antiq. de l'Ouest, 1847-1849, p. 111.

(3) Mém. de la Soc. Antiq. de l'Ouest, 2e série, t. IX, p. 69. Article de M. Jarlit, d'après des indications du P. de la Croix.

(4) *Austrapius*, par M. l'abbé Jarlit, ap. Mém. des Antiq. de l'Ouest, t. VIII, 2e série. — *De l'origine des camps romains dits Chatelliers*, par B. Ledain.

(5) *Histoire ecclésiastique du Poitou*, par Dom Chamard.

construction de l'abbaye de Sainte-Croix de Poitiers, s'étant fait ordonner prêtre, le roi Clotaire, son protecteur, dont il avait défendu la cause contre Chramme révolté, lui fit conférer l'épiscopat et lui promit l'évêché de Poitiers après la mort de saint Pient, qui l'occupait. Il lui donna en attendant, comme dotation ou bénéfice, le domaine de Celle, appelé *Castrum sellense* par Grégoire de Tours. Ce lieu ne saurait, en effet, être identifié qu'à Celle-l'Évesquault, quoi qu'en ait dit M. Longnon qui le considère, sans preuves suffisantes, comme étant Chantoceaux sur la Loire. Saint Pient mourut vers 564, mais Clotaire n'existait plus. Caribert, son fils, fit élire à l'évêché de Poitiers Pascentius, abbé de Saint-Hilaire. Austrapius, déçu dans ses espérances, se retira à Celle, où il fut tué par les Teifales, descendants des colons militaires du IVe siècle, dont il était haï pour des motifs peu connus, mais qui remontaient sans doute à l'époque où il était gouverneur du Poitou (1).

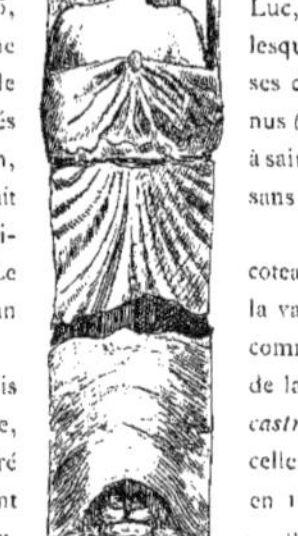

Le domaine épiscopal de Celle-l'Evesquault, dont le château est qualifié de forteresse en 1496, devint au moyen âge une châtellenie d'une certaine importance, comprenant la plus grande partie de la paroisse et plusieurs autres fiefs situés dans les paroisses de Payré, Vivonne, Voulon, Anché. L'église dédiée à saint Etienne était érigée en chapitre dès le XIIIe siècle. La nomination des chanoines appartenait à l'évêque. Le prieur du chapitre était archiprêtre de Lusignan et curé de Voulon (2).

Pranzay, faubourg de Lusignan, jadis paroisse distincte d'une certaine importance, qui comprenait la basse ville, doit être considéré comme un des points les plus anciennement habités. La villa de Pranzay, *villa Prantiacum*, dont l'existence est signalée au VIIe siècle, par un curieux acte, appartenait alors à Ansoald, évêque de Poitiers. En effet, en 696, ce prélat, qui venait de fonder à Poitiers l'hôpital Saint-Luc, le dota de plusieurs domaines parmi lesquels celui de la villa de Pranzay, avec toutes ses dépendances et ses colons, serfs et ingénus (3). Puis on y voit surgir une église dédiée à saint Pierre, mentionnée en 917, mais existant sans doute auparavant (4).

Le faubourg d'Enjambes situé au pied du coteau où s'élevait le château de Lusignan, dans la vallée de la Font-de-Cé, formait jadis une commune et une paroisse distinctes. L'existence de la villa d'Enjambes, *villa Engambella infra castro Liziniaco*, est signalée dès l'an 1009, et celle de l'église de Saint-Martin d'Enjambes, en 1119. Mais il est clair qu'elles remontent à une époque plus ancienne (5).

On ne possède pas de renseignements précis, aussi anciens sur l'agglomération, aujourd'hui la haute ville, formée sur le promontoire, auprès du vieux castrum de Lucinius. Mais il est plus que vraisemblable qu'elle n'a pas attendu la construction du premier château féodal des Lusignan au Xe siècle, pour prendre naissance. Les origines des villes, des familles, des institutions sont presque toujours enveloppées de la plus grande obscurité. Pour les expliquer, la fable se substitue souvent à l'histoire. Si l'on en croyait la célèbre légende de Mélusine, Lusignan, cette ville si petite par l'étendue et si grande par le nom, devrait sa fondation à cette fée extraordinaire. L'histoire merveilleuse de Mélusine est intimement liée à celle de Lusignan. C'est elle qui est la mère de ses fameux seigneurs. Elle a bâti le château, les églises. Vouvent, Mervent, Parthenay, Saint-Maixent, Niort, Fontenay, Maillezais, etc., en un mot tout ce qui se rattache de près ou de loin aux Lusignan, lui doivent l'existence. Elle est leur protectrice. Ses apparitions sont le présage ou la conséquence de grands malheurs. Tout ce qui semble extraordinaire ou inexpliqué lui est attribué. C'est elle qui a dressé les pierres levées. Son ombre hante le bord des fontaines et les profondeurs des forêts. Partout on la redoute et on l'invoque. Qu'est-ce donc que Mélusine ?

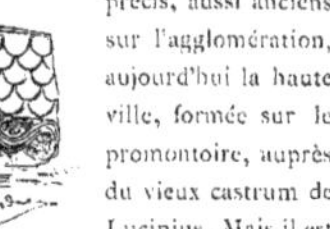

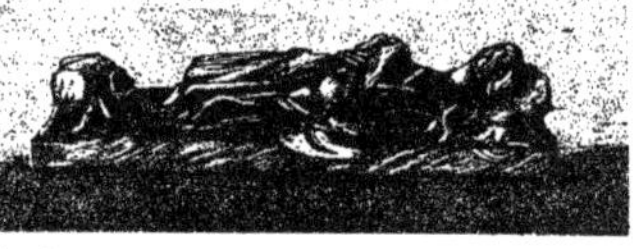

Jean d'Arras, le trouvère aux gages du duc de Berry, comte de Poitou, en 1387, et Couldrette, le poète du sire de Parthenay, en 1401, ont raconté sa légendaire histoire d'après des romans plus anciens, aujourd'hui perdus.

(1) Grégoire de Tours, liv. IV, c. 18. — *Austrapius*, par l'abbé Jarlit.
(2) Pouillé du diocèse, dit Grand-Gauthier. — *Dict. topogr. de la Vienne*, par Rédet.
(3) Pardessus, *Diplomata*, etc., t. II, p. 239.
(4) *Dict. topogr. de la Vienne*, par Rédet, 333.
(5) Idem.

NOTE DE L'ÉDITEUR. — Les sarcophages et pierres funéraires ci-dessus dessinés proviennent du cimetière qui occupe l'emplacement de celui de l'ancienne paroisse de Pranzay.

Mélusine, fille d'Elinas, roi d'Albanie, et de la fée Pressine, ayant tué son père, fut maudite par sa mère et condamnée à devenir serpent depuis la ceinture, tous les samedis; mais si un chevalier l'épousait sans vouloir s'enquérir d'elle le jour fatal, sa peine ne durerait qu'une vie d'homme; si, au contraire, son époux devenait parjure, sa malédiction ne cesserait qu'au jugement dernier. Tout à coup la scène change de théâtre. Mélusine, transportée en Poitou, habite la fontaine des fées, au pied du promontoire de Lusignan. Raimondin, neveu du comte de Poitiers et fils du comte de Forez, accompagne son oncle à la chasse au sanglier dans la forêt de Colombier. Le comte, terrassé par un sanglier blessé, est tué par son neveu qui, du même coup, vient d'abattre l'animal. Raimondin désespéré s'enfuit sans savoir où il va, à travers la forêt. Son cheval l'emporte jusqu'à la fontaine des fées. Soudain Mélusine lui apparaît dans tout l'éclat de sa beauté, lui promettant richesse et puissance s'il veut l'épouser, mais à la condition de ne jamais s'enquérir de ce qu'elle ferait le samedi. Raimondin, ébloui et amoureux, promet tout. Le nouveau comte de Poitiers, instruit de cette merveille, consent au mariage, et sur la demande de Raimondin, lui donne le fief de la Font-de-Cé. Bientôt les noces sont célébrées avec magnificence, en présence de la cour du comte de Poitiers, sur le plateau qui domine la fontaine des fées, sous des tentes magnifiques que la puissance de Mélusine a fait surgir comme par enchantement. La construction de l'admirable château de Lusignan, commencée le lendemain, était terminée en quelques jours sous l'impulsion magique de la fée. Depuis lors, tout réussit à Raimondin et à Mélusine, et leur puissance ne fait que grandir. Ils eurent dix enfants dont l'un, le terrible Geoffroy à la Grand'dent, est un personnage tout à fait historique. Malheureusement Raimondin compromit son bonheur en violant son serment. Egaré par de funestes soupçons, il surprit un samedi sa femme dans un souterrain du château, plongée jusqu'au buste dans un bain dont elle faisait jaillir l'eau avec sa queue de serpent. Mélusine ne s'aperçut point de l'indiscrétion de son époux. Mais quelque temps après, celui-ci lui ayant avoué imprudemment qu'il connaissait son secret, Mélusine s'évanouit. Puis se métamorphosant en femme-serpent, elle s'envola par une fenêtre du château, du côté du portail de l'Echelle, en poussant un cri sinistre. Depuis lors, elle apparaît sur les créneaux du château toutes les fois qu'un malheur menace ses descendants ou leur forteresse de Lusignan. Raimondin, accablé par la douleur, laissant ses domaines à Geoffroy à la Grand'dent, partit pour Rome et se fit ermite (1).

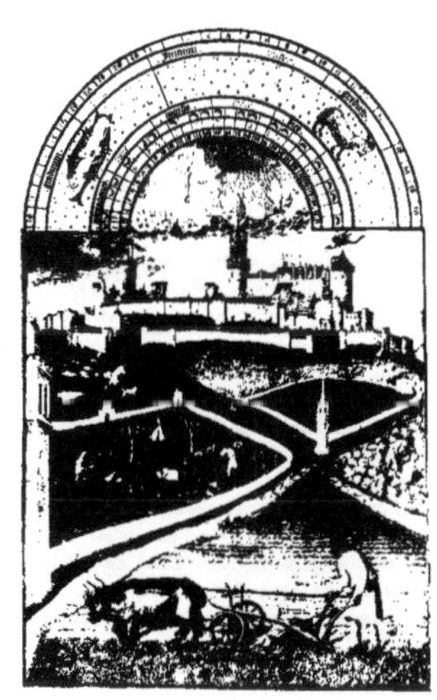

LE CHÂTEAU DE LUSIGNAN AU XIVe SIÈCLE
[illegible]
[illegible]

Quelle est la source de ce mythe étrange qui, chanté en prose et en vers par les trouvères, faisait les délices des cours féodales, surtout de celle des Lusignan, fiers d'une telle origine ? Problème difficile dont personne ne saurait prétendre avoir trouvé la solution. M. Desaivre, dans une dissertation pleine de curieuses observations, considère Mélusine comme une fée gauloise, une déesse mère. C'est une fée des eaux, la fée du rocher et de la source de Lusignan. On sait combien le culte des fontaines était cher aux Gaulois. Mélusine, adoptée et honorée par le chef gallo-romain du pays, Lucinius ou Licinius, en a reçu le nom, *mater Lucinia*, d'où dérive sa déno-

(1) *Mélusine et Geoffroy à la Grand'dent*, par J. Babinet.

mination populaire de *Merlusine*. Les chefs barbares et les Lusignan l'acceptèrent avec bonheur comme leur ancêtre légendaire. Puis les vieux romanciers, prédécesseurs de Jean d'Arras et de Couldrette, transportant la fée des temps gaulois aux temps féodaux, en auront fait, soit par flatterie, soit par crédulité naïve, une fée chrétienne protectrice et mère des fameux sires de Lusignan. Mais à l'origine et en réalité elle n'est rien autre chose qu'une divinité agreste et gauloise (1).

M. l'abbé Jarlit donne à la fable de Mélusine une origine bien plus lointaine. La fée moitié femme et moitié serpent du Poitou, dont Jean d'Arras et les autres trouvères font une princesse d'Albanie, c'est-à-dire du pays du Caucase, doit être identifiée à la femme serpent qu'Hercule, d'après le récit d'Hérodote, rencontra et épousa chez les Scythes. Son nom, comme sa légende, est d'origine scythique. Il dérive du vieux mot slave, *Milouziéna*, femme gracieuse, enchanteresse. Ce mythe de Mélusine, que M. Jarlit serait même enclin à faire remonter au fait paradisiaque de la tentation de la femme par le serpent, semble en tout cas bien constaté dans le pays des Scythes. L'auteur en conclue logiquement qu'il a été importé à Lusignan par les colonies Teifales du IVe siècle, qui, on le sait, sont de race scythique. Là, il s'est transformé et incarné dans la famille des premiers seigneurs à laquelle il a survécu, conservant dans toute sa force, malgré ses modifications, sa popularité superstitieuse. Au surplus, ce n'est pas seulement en Poitou que l'on rencontre la légende de Mélusine. Elle est encore vivante en Forez, en Dauphiné, sur les bords du Rhin, en Luxembourg, et partout en Occident elle semble avoir été importée d'Orient par les peuples Ariens (2).

Si, comme nous serions disposés à l'admettre, l'importation en Poitou du mythe de Mélusine est due aux Teifales scythes, nous ne saurions considérer avec M. Jarlit les chefs Teifales des colonies de Lusignan comme les premiers ancêtres de la famille de ce nom. Cette opinion nous semble absolument gratuite. Quand on n'a pas de documents à invoquer, toute hypothèse est interdite. Lorsque les Lusignan apparaissent pour la première fois dans l'histoire locale, au commencement du Xe siècle, ils sont déjà en possession de nombreux domaines. Mais nul ne saurait fixer la source première de leur famille et de leur puissance. Toutefois, la petite ville où ils règnent jouit déjà d'une certaine importance. Dès l'an 929, elle est signalée comme chef-lieu d'une viguerie qui s'étendait fort loin du côté du département actuel des Deux-Sèvres, puisqu'elle comprenait Ribrolle (commune de Salles), Rouvre et Bretignolle (commune de Saint-Maxire) (3).

HUGUES Ier DE LUSIGNAN, dit le Veneur, vivait à la fin du IXe siècle. HUGUES II, son fils, dit le Cher ou Bien-Aimé, construisit le premier château féodal qui devait s'augmenter avec la puissance de ses maîtres et devenir un célèbre et magnifique monument (4). Il laissa un fils, HUGUES III, le Blanc, qui vivait en 967 et avait une épouse nommée Arsendis. Leur fils, HUGUES IV, le Brun ou le Chiliarque (chef de mille), donna à l'abbaye de Saint-Cyprien de Poitiers une forêt située près de Mézeaux, vers l'an 1004 (5). Une autre donation d'une maison à Lusignan, faite en faveur de la même abbaye, vers l'an 1000, par un certain Bernerius et sa femme Constance, mentionne l'existence d'un grand pont sur la Vonne, près duquel cette maison était située. C'est le pont de Pranzay, assis probablement sur des bases romaines. L'acte est signé du viguier Hugues (6). On signale d'autres viguiers de Lusignan, Léger vers 1025, Rainaud vers 1030 (7). Ces anciens officiers royaux n'étaient plus évidemment que des officiers de justice seigneuriaux. Il ne serait peut-être pas impossible que ces fonctions amovibles eussent été occupées par les ancêtres des Lusignan qui les auront ensuite rendues héréditaires et seront devenu indépendants.

Hugues IV eut de nombreux et violents démêlés avec Guillaume III, comte de Poitou, son suzerain, de 1012 à 1030 environ. Ces luttes se produisirent à l'occasion de son mariage avec Aldéarde, fille de Raoul, vicomte de Thouars (1004-1015), que le comte voulait empêcher, et aussi par suite de contestations armées auxquelles donnèrent lieu la possession ou la mouvance des châteaux de Vivonne, de Civrai et de Gençay (8). Cela n'empêcha pas le sire de Lusignan de prendre part à une expédition contre les Sarrasins d'Espagne, vers l'an 1018, au profit du comte de Barcelone qui avait appelé à son secours plusieurs seigneurs français (9).

Hugues IV fonda l'église de Notre-Dame de Lusignan, près de son château. Le terrain sur lequel il voulait la faire construire, situé en face du château, entre les chemins de Saint-Maixent et de la Font-de-Cé, appartenait au chapitre de Saint-Hilaire de Poitiers et contenait cinq journaux de terre. Il l'obtint de sa libéralité en échange de cinq journaux au village de Leigne, près de Cloué. La nouvelle église devait appartenir à l'abbaye de Nouaillé.

(1) *Le mythe de la Mère Lusine*, par M. Léo Desaivre, ap. Mém. Soc. de Statist. des Deux-Sèvres, t. XX, 2e série.
(2) *Origines de la légende de Mélusine*, par l'abbé Jarlit, ap. Mém. des Antiq. de l'Ouest, t. IX, 2e série.
(3) *Dictionnaire topographique de la Vienne*, par Rédet, 239.
(4) *Chronique de Saint-Maixent*, p. 389, ap. Chron. d'Anjou, par Marchegay. — *Dict. des fam. de l'anc. Poitou*, t. II.
(5) Idem. — Cart. de Saint-Cyprien, p. 49, ap. *Arch. hist. du Poitou*, III.
(6) Cart. de Saint-Cyprien, p. 276.
(7) Idem, 274, 276.
(8) *Conventus inter comitem et ugonem*, ap. Besly, 288.
(9) *Dict. des fam. de l'anc. Poitou*, II, 321.

L'acte d'échange passé à Poitiers le 6 mars 1025, en présence du comte et de l'évêque de Poitiers, fut confirmé peu de jours après, à Tours, par le roi Robert. Une bulle du pape Jean XIX, de 1026, exempta Notre-Dame de Lusignan de la juridiction épiscopale au profit de celle de l'abbaye de Nouaillé (1). La construction de cette église, que son fondateur n'eut sans doute pas le temps d'achever, puisqu'il mourut avant 1030, démontre l'accroissement de la haute ville de Lusignan, qui dépendait jusque-là de l'antique paroisse de Pranzay, dont elle fut alors détachée. Une autre église paroissiale, Saint-Aquilin, mentionnée en 1119, existait à Lusignan. Elle dépendait aussi de Nouaillé. La date de sa fondation est inconnue. Au XVIe siècle elle était en pleine décadence, et il n'en reste plus de traces (2). Il y avait en outre un prieuré de Saint-Gilles de Lusignan, mentionné en 1181, mais qui disparut dès la fin du XIVe siècle. Sa situation demeurée inconnue doit être cherchée sur le bord de la Vonne (3).

Hugues IV, décédé vers l'an 1030, laissait plusieurs enfants qui figurent dans la lettre adressée alors par le pape Jean XIX aux grands seigneurs d'Aquitaine. L'aîné, Hugues V, dit le Pieux, épousa Almodis, fille de Bernard, comte de La Marche, sœur d'Aldebert II, aussi comte de La Marche, et belle-sœur du comte de Poitou. Répudiée plus tard pour cause de parenté, vers 1040, Almodis épousa Pons, comte de Toulouse. Hugues V eut à soutenir contre son suzerain Gui Geoffroy, comte de Poitou, une guerre dont on ignore les causes. Assiégé dans son château de Lusignan par l'armée du comte, il périt en combattant, le 8 octobre 1060, devant la porte dont il disputait lui-même les approches aux assaillants (4).

Son fils, Hugues VI, dit le Diable, était d'humeur violente et batailleuse. Il reprit la lutte contre le comte de Poitou. S'étant emparé, durant qu'il la soutenait, de trois églises appartenant à l'abbaye de Saint-Maixent et dont il chassa les moines, il reconnut ensuite ses torts. Le 10 mars 1069, il fit hommage à l'abbé, déclarant tenir de lui, comme ses ancêtres, ces trois églises et un autre fief. Il renonça même à la somme de 500 sous que les seigneurs de Lusignan recevaient des abbés de Saint-Maixent, sans doute à titre d'avoués (5). Ses violences contre Hugues de Couhé, chanoine de Saint-Hilaire, dont il avait ravi les biens, lui attirèrent de la part du pape Grégoire VII, en avril 1079, une menace d'excommunication qui dut le déterminer à en opérer la restitution (6).

Hugues VI fut du nombre des seigneurs français qui répondirent à l'appel d'Alphonse VI, roi de Castille et de Léon, menacé par les Sarrasins. Mais il voulut mettre son voyage périlleux sous la protection divine par une donation solennelle en faveur de son église Notre-Dame de Lusignan. En présence de Pierre II, évêque de Poitiers, du jeune duc Guillaume IX, comte de Poitou, et de beaucoup d'autres notables personnages réunis dans cette église au printemps de l'année 1087, il lui donna le domaine de Faidunay, qui n'est autre que Saint-Amant, en la paroisse de Marçay. Son épouse Aldéarde, fille d'Aimeri IV de Thouars et ses deux fils, Hugues et Rorgon, consentirent publiquement à la donation (7).

Revenu de l'expédition d'Espagne, qui ne dura qu'une année, Hugues VI reprit les armes pour faire valoir ses droits, du chef de sa mère Almodis, sur le comté de La Marche, dont le souverain Boson III venait de mourir (1091). Il s'en suivit une longue guerre qui eut souvent pour théâtre le territoire de Charroux, entre lui et le nouveau comte Eudes, soutenu par Guillaume III, comte d'Angoulême. Ses ambitieuses prétentions ne furent pas couronnées de succès. Le comté de La Marche ne devait devenir que longtemps après le domaine de sa race (8).

En 1101, Hugues VI se croisa avec le duc Guillaume IX et partit pour la Terre sainte, accompagné sans doute de nombreux vassaux. Après les plus pénibles épreuves en Asie Mineure, ils arrivèrent à Antioche, s'emparèrent de Tortose et parvinrent enfin à Jérusalem. Hugues assista à la funeste journée de Ramla, le 26 mai 1102, où périrent tant de ses compagnons d'armes. Il échappa au désastre, quoi qu'en ait dit un auteur mal informé, et, en 1103, il était de retour à Lusignan (9).

Généreux envers l'abbaye de Saint-Cyprien de Poitiers, à laquelle il avait donné, vers 1090, l'église de Sainte-Croix d'Angle, Hugues de Lusignan se montra au contraire plein de violence envers l'abbaye de Saint-Maixent. Les préjudices qu'il lui causa donnèrent lieu, en 1104, à un traité qu'il s'engagea à observer sous peine d'excommunication. De nouveau infidèle à ses engagements, il était menacé de censure par le pape Pascal II, lorsque la mort le frappa en 1110 (10).

Hugues VII, le Brun, avait à peine recueilli l'héritage de son père, qu'il entra en lutte, avec Simon de Parthenay.

(1) *Mémoire sur l'Église de Lusignan*, par Mgr Cousseau, ap. Ant. de l'Ouest, XI. — *Etudes sur Robert le Pieux*, par Pfister, 377.
(2) *Gallia christiana*, II. — Grand-Gauthier.
(3) *Dict. topogr. de la Vienne*, 376.
(4) *Chronique de Saint-Maixent*, p. 401, 402.
(5) *Cartulaire de Saint-Maixent*, publié par M. Alfred Richard, t. II, 482.
(6) Besly, 357. — *Notes sur Couhé*, par M. Lièvre.
(7) *Fascic. antiq. Nobiliac.* — Dom Fonteneau, t. XXI. — *Dict. topogr. de la Vienne*, 370.
(8) *Hist. Pont. et comit. Engol.* — *Hist. de Guillaume IX*, par Palustre, ap. Mém. Ant. Ouest. t. III, 2e série, p. 285-287.
(9) *Mém. sur l'Eglise de Lusignan*, par Mgr Cousseau. — Guill. de Tyr.
(10) *Cart. de Saint-Cyprien*, 135. — *Cart. de Saint-Maixent*, I, 240, 260. — Chron. de Saint-Maixent.

son neveu, contre le comte Guillaume IX, leur suzerain. La guerre, commencée en 1110, dura longtemps et fut marquée de part et d'autre par des ravages et des incendies, notamment du côté de Montreuil-Bonnin et en Gatine. Enfin le comte les vainquit complètement le 5 août 1118 (1). La même année, Hugues VII, rentrant en paix avec l'abbaye de Saint-Maixent, lui rendit hommage pour les domaines que lui et ses ancêtres en avaient reçus et promit de protéger les terres des moines à Pamproux et Saint-Germier. Il reconnut aussi tenir en fief de la même abbaye les églises de Jazeneuil (2). En 1120, de concert avec Sarrazine, son épouse, il fonda l'abbaye de Bonnevau, de l'ordre de Citeaux (3).

En 1140, l'église Notre-Dame de Lusignan vit réunis dans son enceinte Geoffroy, évêque de Chartres, légat du pape, Geoffroy de Loroux, archevêque de Bordeaux, et beaucoup d'autres personnages ecclésiastiques. Hugues le Brun, voulant témoigner son estime envers l'archevêque, qui avait été moine à Fontaine-le-Comte, fit une libéralité à cette abbaye (4). L'influence de ce prélat ramena la paix gravement troublée entre le sire de Lusignan et l'évêque de Poitiers, Gislebert II. Hugues VII prétendait avoir le droit, comme vassal de l'évêché, de toucher une somme de mille sous à chaque mutation d'évêque, et il avait saisi, pour se la faire payer, plusieurs domaines épiscopaux, malgré l'excommunication lancée contre lui. En 1144, touché par les instances de l'archevêque et en considération du salut de son épouse récemment décédée, il se rendit à Poitiers, au chapitre de la cathédrale. Là, en présence des prélats et du consentement de ses cinq fils également présents, il renonça à ses injustes prétentions, se reconnut vassal de l'évêché et prit sous sa protection particulière son domaine de Celle-l'Évesquault (5).

Hugues le Brun, dévoué au gouvernement du roi Louis VII, souverain de l'Aquitaine depuis son mariage avec la duchesse Aliénor, correspondait avec son célèbre ministre Suger, pour le règlement des affaires du Poitou (6). Il le suivit à la croisade de 1148, où il trouva la mort. Il laissait six enfants : Hugues VIII, Guillaume d'Angle, Rorgon, Simon de Lezay, Valéran et Aimée (7).

Hugues VIII, le Brun, sire de Lusignan, prit également la croix et alla au secours des chrétiens d'Orient. Il y fut fait prisonnier à la bataille de Harenc, en Syrie, le 13 août 1165 (8). La révolte qui éclata en Poitou en 1168 contre Henri II, roi d'Angleterre, le nouvel époux d'Aliénor, trouva dans Amaury, l'un de ses fils, un de ses soutiens les plus ardents. Le roi Henri s'empara du château de Lusignan, malgré ses puissantes fortifications. Il y mit garnison, et, après la défaite des autres confédérés, confia la garde du pays à la reine Aliénor et à un lieutenant militaire, le comte Patrice de Salisbury. Guy de Lusignan, fils puîné de Hugues VIII, voulut venger sa famille de l'affront qu'elle avait reçu. Il assassina d'un coup de lance le comte de Salisbury. La victime fut ensevelie à Saint-Hilaire de Poitiers. Quant au meurtrier, il fut banni du Poitou par le roi Henri. Guy de Lusignan, dénué de ressources, prit la croix et partit avec son frère Amaury pour Jérusalem. Bien accueilli du roi Baudouin, il épousa sa sœur, devint roi de Jérusalem et fondateur du royaume de Chypre (9).

Le rôle principal donné par l'historien Robert du Mont à Amaury de Lusignan, qu'il appelle Aimeri, dans la révolte nationale de 1168, laisserait supposer que Hugues VIII périt en Palestine, ou du moins peu de temps après son retour en Poitou. Ce qui est certain, c'est que son nom ne figure plus nulle part. En 1170, Bourgogne de Rancon, son épouse, concède seule des fiefs à Raymond de Rexe dans les marais de Damvix en bas Poitou. Elle est assistée de ses fils Geoffroi, Guy, Aimeri et Guillaume de Valence (10). Mais on n'y trouve mentionnés ni son mari Hugues VIII, ni son fils aîné Hugues. La présence de Guy prouve qu'il n'était pas encore parti pour la Terre sainte. Hugues VIII et Bourgogne de Rancon avaient un autre fils du nom de Hugues, omis dans toutes les généalogies, dont la mort à Lusignan, au mois de mars 1169, est signalée dans un acte de donation de son frère Geoffroi de Vouvent (11).

L'attitude des Lusignan durant les longues guerres civiles qui éclatèrent entre les fils de Henri II, tantôt alliés, tantôt ennemis des seigneurs d'Aquitaine, demeure obscure. L'histoire signale cependant, en 1188, une révolte de Geoffroi de Lusignan et de Geoffroi de Rancon, contre Richard, comte de Poitou, révolte dont ce prince triompha (12).

(1) *Cart. de Saint-Maixent*, I, 266, 273, 276. — Chron. de Saint-Maixent.
(2) *Cart. de Saint-Maixent*, I, p. 295, 311.
(3) *Gallia christiana*, II.
(4) Idem.
(5) *Doc. hist. inéd.*, par Champollion-Figeac, II, 27. — Baluze, t. 51, p. 93.
(6) Duchesne, *Hist. Fr.*, IV, 496.
(7) *Dict. des Fam. de l'anc. Poitou*, II. — Baluze, 51, p. 92, acte de 1199 qui mentionne sa mort.
(8) Idem. — *Hist. des Croisades*, par Michaud, II.
(9) Robertus de Monte. — Roger de Hoveden, ap. *Hist. de France*, t. XIII.
(10) *Hist. des Chasteigners*, par Du Chesne, p. 32, preuves.
(11) Baluze, t. 51, p. 86; donation en faveur de l'Absie.
(12) Benoit de Peterborough.

Hugues IX de Lusignan, fils aîné de Hugues VIII, avait épousé Mathilde, fille et héritière de Vulgrin, comte d'Angoulême. Il suivit, en 1190, le roi Richard Cœur de Lion à la croisade. En 1194, il était de retour à Lusignan. Tour à tour bienfaiteur ou persécuteur des églises, comme ses ancêtres, il reconnut en 1198, à Niort, devant le sénéchal de Poitou et l'archevêque de Bordeaux, les torts dont il s'était rendu coupable envers l'abbaye de Nouaillé, et s'engagea à réparer les dommages causés par sa violence (1).

Après la mort du roi Richard, en 1199, Hugues IX s'empara du comté de La Marche, sur lequel il avait des droits. Mais afin de mieux les consacrer, il s'empara par surprise de la personne de la reine Aliénor et la contraignit à lui abandonner la propriété de cet important fief (2). Le nouveau comte de La Marche fut d'abord fidèle au roi Jean sans Terre qui séjourna du 25 juin au 9 juillet 1200, à Lusignan, où il reçut les hommages du vicomte de Limoges et du comte d'Angoulême. Mais bientôt il se déclara contre lui pour se venger de ce qu'il avait épousé sa fiancée, la célèbre Isabelle Taillefer d'Angoulême, fille du comte Aymar, élevée au château de Lusignan. Il prit donc parti avec toute sa famille et la noblesse poitevine pour le roi Philippe-Auguste. Mais la fortune lui fut contraire. Vaincu et pris avec Arthur de Bretagne, protégé du roi de France, au siège de Mirebeau, le 1er août 1202, par le roi Jean, il fut envoyé prisonnier à Caen. Mais auparavant Jean sans Terre ordonna, le 11 août, au maire de Poitiers, de traîner Hugues IX devant son château de Lusignan, qu'il fut contraint de livrer, et où le sénéchal de Poitou mit garnison. Le comte de La Marche recouvra la liberté vers la fin de l'année 1202 moyennant une forte rançon et le serment de fidélité (3). Malgré ses engagements, il reprit les armes contre Jean sans Terre, auquel Philippe-Auguste enleva le Poitou. Plus tard, le 25 mai 1214, il se réconcilia avec le roi anglais dont la fille Jeanne fut fiancée à son fils Hugues. Hugues IX se croisa de nouveau, en 1218, et prit part à l'expédition de Damiette, où il mourut en 1219 (4).

Hugues X de Lusignan, fils de Hugues IX, épousa au mois d'avril ou de mai 1220, Isabelle, veuve du roi Jean sans Terre, et devint par là comte d'Angoulême. C'était alors le plus puissant seigneur de l'Ouest. Le nouveau roi d'Angleterre, Henri III, le flatta beaucoup, lui donna tout pouvoir en Poitou, lui promit des subsides, lui envoya des encouragements. Mais ils ne tardèrent pas à se brouiller. Le roi de France en profita pour gagner Hugues de Lusignan. L'alliance qu'ils contractèrent facilita, en 1224, l'expédition victorieuse de Louis VIII en Poitou. Mais après la mort de Louis VIII, le comte de La Marche, changeant de politique, écouta les propositions de Henri III qui lui donna de riches et nombreux fiefs en Saintonge et en Aunis (1226-1227). Le jeune Louis IX, ou plutôt sa mère régente, Blanche de Castille, réussit à traiter avec lui à Vendôme, le 16 mars 1227. Hugues X stipula avec eux de nouvelles conventions, à Clisson, le 30 mai 1230. Il promettait fidélité au roi et jurait de tenir de lui à hommage lige tous les châteaux et toutes les terres qu'il possédait en Poitou, Saintonge, Marche et Angoumois (5). Un an auparavant, en janvier 1229, il avait également traité avec Guy V, vicomte de Limoges, auquel il avait fait une longue guerre (6).

La fière Isabelle, baronne de Lusignan, comtesse de La Marche et d'Angoulême, qu'on appelait la comtesse-reine, parce qu'elle avait jadis porté la couronne d'Angleterre, ne dédaigna pas de donner un témoignage de sympathie religieuse envers l'église et prieuré de Notre-Dame de Lusignan. Du consentement de son époux, elle y fonda, au mois de mars 1230, un anniversaire après son décès pour le repos de son âme et le salut de ses parents. Elle donna dans ce but au prieur, Aimeri de la Vergne et à ses successeurs, à perpétuité, une maison située à Lusignan, dans le bourg dit de Curzay, près de la Font-de-Cé, plus d'autres maisons situées près du cimetière de l'aumônerie de la Font-de-Cé. Ce petit bourg de Curzay relevait de la seigneurie de Curzay, appartenant alors à Guillaume de Curzay, chevalier, vassal lui-même du baron de Lusignan (7). Le prieuré de Notre-Dame avait reçu en don du même Guillaume de Curzay, en 1229, le moulin d'Enjambes (8).

Durant les négociations entamées entre Louis IX et Henri III, en 1234 et 1235, pour la prolongation des trêves, Hugues X de Lusignan marchanda son adhésion. Il exigeait de Henri III le don de l'île d'Oléron. Il s'empara même du château de Blaye et de la personne du seigneur Geoffroi Rudelle, vassal fidèle du roi d'Angleterre. Les sévères observations du pape Grégoire IX, qui travaillait à la conclusion d'une paix générale, et la pro-

(1) Roger de Hoveden. — *Chron. des seigneurs de Lusignan*, par M. Delisle, ap. Bibl. de l'école des Chartes, 4e série, t. II. — Dom Fonteneau, t. XXI, 691. — Cart. de l'évêché, p. 3.

(2) Bern. Iterii Chron. — Aubri de Trois-Fontaines, chron. ap. *Hist. de France*, t. XVIII.

(3) *Jean sans Terre*, par Lecointre-Dupont, ap. Mém. Antiq. Ouest, t. XII. — *Rot. litt. pat.*, I. — *Rot. chart.*

(4) Chron. des comtes de La Marche. — Bernard Itier, ap. *Chron. de Saint-Martial*, p. 106.

(5) Lettres de Henri III. — Rymer, *Fœdera*, etc., t. I. — Dom Fonteneau, t. XVII, p. 51. — *Layettes du trésor des Chartes*, par Teulet, II. — *Chron. des comtes de La Marche*, par M. Delisle.

(6) Bull. de la Soc. archéol. de la Corrèze, t. XI.

(7) *Mémoire sur N.-D. de Lusignan*, par Mgr Cousseau, d'après les Arch. de Nouaillé. — *Dict. topogr. de la Vienne.*

(8) Arch. de Nouaillé.

messe de Henri III de payer au comte de La Marche une rente annuelle de 200 livres, le firent céder (12 juillet 1235). Une trève de cinq ans fut conclue entre les deux royaumes (1).

L'hommage féodal auquel était tenue la baronnie de Lusignan envers l'évêché de Poitiers imposait aux seigneurs une obligation d'une nature particulière. Ils étaient tenus, avec trois autres barons poitevins, de porter l'évêque lors de son intronisation solennelle dans sa cathédrale. Hugues X, en 1236, reconnut formellement cette obligation (2).

Hugues X et Isabelle habitaient souvent le château de Lusignan. Ils l'augmentèrent et construisirent dans la grande cour intérieure un logis magnifique, appelé encore au XVIe siècle le logis de la reine. La fameuse tour Mélusine et le portail de Geoffroi à la Grand'dent, situés à l'entrée de la seconde cour, doivent être aussi leur œuvre. (*Voir l'héliogravure page 5 et le plan page 11.*) Lorsque le roi Louis IX vint à Poitiers, au mois de juillet 1241, pour mettre son frère Alphonse en possession du comté de Poitou, Hugues X, inquiet des progrès de la puissance royale et poussé par son orgueilleuse épouse, prit une attitude hostile dans son château de Lusignan. Après d'habiles négociations durant lesquelles le roi et son frère ne craignirent point d'aller trouver leur redoutable vassal dans son repaire, Hugues consentit à rendre hommage et à signer un arrangement (juillet 1241). Mais à peine le roi était-il parti, qu'exalté par les reproches d'Isabelle, il organisa un vaste soulèvement et vint déclarer insolemment au comte Alphonse qu'il ne le reconnaissait plus (3).

Louis IX entrant en campagne à la tête d'une puissante armée, arriva à Poitiers à la fin d'avril 1242. Au lieu de commettre l'imprudence d'attaquer la forte citadelle de Lusignan, derrière les murailles de laquelle le comte de La Marche l'attendait avec confiance, le roi se borna à lui enlever Béruges et Montreuil-Bonnin, puis marcha rapidement en Saintonge au-devant de Henri III d'Angleterre. Les victoires de Taillebourg et de Saintes terrassèrent la ligue féodale. Hugues X et Isabelle, dépouillés d'une grande partie de leurs domaines, vinrent humblement demander pardon au roi et subirent le traité qu'il leur imposa (1er août 1242, traité de Pons). Ils conservèrent néanmoins la baronnie de Lusignan et le comté de La Marche, pour lesquels ils rendirent hommage au comte Alphonse. Mais celui-ci, par prudence et en vertu du traité, entretint durant plusieurs années des garnisons dans leurs châteaux (4).

L'année suivante, 1243, Hugues X et Isabelle partagèrent leurs biens entre leurs enfants. L'aîné, Hugues XI, eut Lusignan, les comtés de la Marche et d'Angoulême. A Geoffroi échurent Château-Larcher, Bois-Pouvreau, Sanxay, Jarnac, Châteauneuf. Guy eut Cognac, Merpins, etc. Adhémar reçut Couhé. Guillaume de Valence eut Bellac, Rancon, etc. (5). Après la mort de la comtesse-reine, ensevelie à l'abbaye de la Couronne, près Angoulême (1246), Hugues X, entraîné par le roi, prit la croix avec son fils Hugues le Brun (6). Avant de quitter le Poitou, il renouvela par son testament du 8 août 1248, daté de Lusignan, le partage de ses biens fait en 1243 et fonda deux anniversaires dans l'église de Notre-Dame de Lusignan. Une aumône devait se distribuer ces jours-là par les mains du prévôt du prieur, du chapelain de Pranzay et de l'aumônier de la Font-de-Cé (7). Puis il partit pour l'Orient avec le roi. Son fils Hugues ne partit qu'au mois d'août 1249, avec le comte Alphonse de Poitou. Celui-ci avait eu le soin de lui faire prendre l'engagement de le servir pendant une année à la tête de douze chevaliers, moyennant une forte rétribution et des gages pour chaque chevalier. Lorsqu'ils débarquèrent en Egypte, Hugues X venait de mourir au combat de Damiette (5 juin 1249). HUGUES XI, son fils, ne fut pas plus heureux. Il trouva la mort dans l'expédition sur Mansourah, en 1250. Ses douze chevaliers, à la tête desquels vint se mettre, en Syrie, son frère Guy de Lusignan, sire de Cognac, continuèrent fidèlement leur service jusqu'au mois de juin 1250, époque à laquelle le comte Alphonse les en dégagea par sa quittance donnée à Acre (8). Quelques jours après, le 3 juillet, Yolande de Dreux, veuve de Hugues XI, qui avait suivi son mari en Orient, faisait au comte Alphonse, au nom de ses enfants mineurs, l'hommage de la baronnie de Lusignan (9). De retour en Poitou, en 1254, elle recevait du comte la pension promise à son mari en 1249 (10).

(1) Lettres de Henri III.

(2) Cartul. de l'Évêché, p. 16, ap. Arch. hist. du Poitou.

(3) Mémoires de Joinville. — *Layettes du trésor des Chartes.* II, 453. — Lettre d'un habitant de La Rochelle à la reine Blanche, publiée par M. Delisle.

(4) *Récits d'un ménestrel de Reims.* — Guill. de Nangis. — Joinville. — *Layettes du trésor des Chartes.* II. — Les grandes chroniques de France.

(5) *Layettes du trésor des Chartes.* II, 498.

(6) Nangis. — Joinville.

(7) *Layettes du trésor*, III, 42, 43.

(8) Pièces orig. provenant du baron de Joursanvault (Bibl. de Poit.), imprimées dans l'*Histoire d'Alphonse, comte de Poitou*, par B. Ledain. — *Chronol. des comtes de La Marche.*

(9) *Layettes du trésor des Chartes*, III, 102.

(10) Idem, III, 223.

Hugues XII, fils aîné de Hugues XI, atteignait à peine sa majorité en 1257 lorsqu'il rendit hommage au comte Alphonse de Poitou, le 22 septembre, jurant de lui livrer à première réquisition son château de Lusignan aussi bien que ses autres forteresses. Il s'engagea même à lui payer 10,000 livres dans le cas où il lui ferait la guerre ou s'il ne lui livrait pas ses châteaux dans le terme d'une année. Son oncle, Guy de Lusignan, se porta garant de cette obligation (1). On voit par là qu'Alphonse de Poitiers n'était pas entièrement rassuré sur les dispositions secrètes de cette famille qui conservait toujours des relations avec Henri III d'Angleterre (2). Hugues XII suivit le roi Louis IX à sa dernière croisade en Afrique, où il succomba, comme son souverain, aux attaques de la peste, au

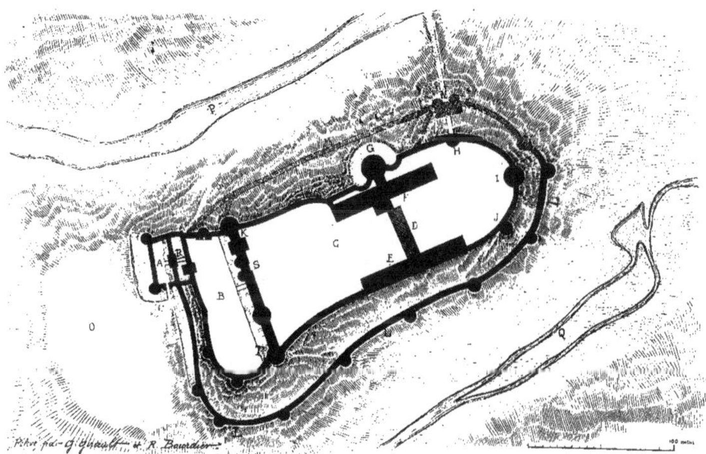

LÉGENDE DU PLAN

A. Barbacane ou *Pourpris de la porte*, ainsi désigné dans le croquis de 1574. (*Voir page 17.*)
B. La basse Cour.
C. La grande Cour.
D. Galerie en bois reliant le logis de la reine aux autres logis.
E. Logis de la Reine.
F. Grands Batiments qui semblent plus considérables dans l'enluminure du livre d'heures de Jean de Berry.
G. Tour de Mélusine.
H. Poterne communiquant avec les fausses brayes et le corps de garde.
I. Tour Poitevine.
J. Poterne communiquant aux fausses brayes, du côté de la basse ville.
K. Tour de la Fontaine, ainsi nommée par le récit du siege de 1574, parce que la fontaine de Mélusine, d'ailleurs peu importante, coulait à sa base.
L.L.L. Fausses brayes.
M. Idem.
N. Corps de garde retrouvé récemment et actuellement en démolition.
O. Place du Bail ou boulevard.
P. La Vonne, rivière.
Q. Ruisseau venant de la Font-de-Cé, anciens terrains marécageux.
R. Porte de Geoffroy à la Grand'dent.
S. Porte de l'Échelle.
T. Tour probable, dite de l'Horloge ou de la Lanterne.

mois d'août 1270. Son corps, rapporté en Poitou, fut enseveli à l'abbaye de Valence, fondée par son grand-père. Il avait épousé Jeanne de Fougères (3).

Hugues XIII, son fils aîné, recueillit en grande partie les immenses domaines des Lusignan. Il fit la campagne d'Aragon en 1285. Comme il n'avait point d'enfants de sa femme Béatrix de Bourgogne, il institua pour son héritier, en 1283, Guyard, son frère, et, à défaut de celui-ci, Guy, son oncle. Mais Guyard l'ayant gravement mécontenté, il fit, en juin 1297, un nouveau testament par lequel il l'exclut de son héritage en faveur de son cousin Geoffroi. Il fit aussi, par un codicille, des dispositions en faveur du roi Philippe le Bel, auquel il engagea La Marche et l'Angoumois pour une forte somme d'argent. Lorsque Hugues XIII vint à mourir, le 1er novembre 1302, Guyard

(1) Lettres de Henri III, II, 75, 85, 317.
(2) *Chronol. des comtes de La Marche*, par M. Delisle. — *Arch. hist. du Poitou*, XI, 45.
(3) *Layettes du trésor des Chartes*, III, 375, 376.

DE LUSIGNAN brûla le second testament de son frère et prit le titre de seigneur de Lusignan et de comte de La Marche. Mais Philippe le Bel, intervenant comme créancier et légataire, fit saisir ses domaines de La Marche et d'Angoulême. Le 1er juillet 1304, le Parlement déclara que Guyard demeurerait en saisine de ses terres, malgré les réclamations de son cousin Geoffroi. Guyard de Lusignan, qui avait suivi le roi au camp devant Lille, le 22 septembre 1304, mourut en 1308 sans postérité. Son oncle Guy, seigneur de Couhé, dernier descendant mâle de la branche aînée des Lusignan, mourut en 1310 et fut enseveli aux Jacobins de Poitiers, où il avait ordonné de lui ériger un magnifique tombeau en cuivre doré, semblable à celui de son frère, Hugues XII, à Valence (1).

Trois ans auparavant, au mois de juillet 1305, Bertrand de Got, archevêque de Bordeaux, visitant le prieuré de Notre-Dame de Lusignan, y avait reçu la nouvelle de sa nomination au trône pontifical, qu'il occupa sous le nom de Clément V (2). Il y revint le 19 août 1308 et y signa une bulle pour l'abbaye de Fontaine-le-Comte. Il était accompagné d'un moine arménien, Hayton, de la famille royale des Lusignan de Chypre (3).

Aussitôt après la mort de Guyard de Lusignan, le 28 novembre 1308, l'évêque de Poitiers voulant, à titre de suzerain, faire saisir la baronnie de Lusignan, y envoya dans ce but Hugues de Montfaucon, son châtelain de Chauvigny. Mais, lorsque celui-ci se présenta au château, Guillaume de la Barre, sergent du roi, qui en avait déjà pris possession, refusa de lui en remettre les clefs et l'expulsa au nom du roi (4). D'autre part, Yolande de Lusignan, sœur de Guyard et épouse d'Élie Rudel, sire de Pons, réclama en justice, à titre d'héritière, la baronnie de Lusignan et les comtés de la Marche et d'Angoulême. Le roi Philippe le Bel transigea avec elle, au mois de mars 1309. Yolande abandonnait au roi, Lusignan, la Marche et l'Angoumois, sous réserve d'usufruit. Le roi s'attribuait le droit de rendre la justice, de recevoir les hommages féodaux et de placer des châtelains et des gardes dans les châteaux. Il concédait à Yolande le droit d'y nommer des baillis et prévôts chargés de l'administration des revenus, et la faculté d'y habiter (5). Usant aussitôt de son droit, il confia, en 1309, à Hugues de la Celle, la garde de l'important château de Lusignan, aux gages de cinq sous par jour (6). Après la mort de Yolande, arrivée vers la fin de 1314, Lusignan se trouva entièrement réuni au domaine de la couronne (7).

II. — LUSIGNAN DEPUIS SA RÉUNION A LA COURONNE

Louis X augmenta le ressort du siège royal institué à Lusignan. En juin 1315, il enleva au sénéchal de Poitou, pour les y placer, les châtellenies de Sanxay, Cherveux, Château-Larcher, Prahec, la Mothe-Saint-Hérayé, parce que, de toute antiquité, elles étaient mouvantes de Lusignan. Mais, en septembre 1324, le roi Charles le Bel, à la demande du seigneur de ces châtellenies, les plaça dans le ressort judiciaire de Saint-Maixent. Le premier sénéchal de Lusignan, après la création du siège, s'appelait Pierre Prévôt, de Germont ou de Jazeneuil. S'étant rendu coupable de plusieurs graves excès et abus de pouvoir, il fut banni par les réformateurs royaux, vers 1318, malgré la protection de Hugues de la Celle, chevalier, conseiller du roi et son représentant à Lusignan. Emprisonné plus tard à Bourges, Pierre Prévôt obtint du roi, en 1328, la faveur d'être transféré dans la prison du château de Lusignan et d'y être jugé par le sénéchal de Poitou. Celui-ci, qui était alors Pierre Raymon de Rabastains, finit par le renvoyer absous, le 12 février 1330, moyennant une amende de 800 livres acceptée par la Chambre des comptes, et sous réserve des actions civiles (8).

Les Anglais de la Guyenne menacèrent un instant le château de Lusignan, en 1324. A la nouvelle du danger, le maire de Poitiers, Jean Guischart, déploya la bannière de la commune et accourut à son secours avec un grand nombre de gens d'armes et d'habitants. Les détails de cet événement sont restés ignorés (9).

Jean, duc de Normandie, fils et lieutenant général du roi de France, envoyé contre les Anglais en Guienne, séjourna à Lusignan au mois de novembre 1345. L'année suivante, le 30 septembre 1346, le comte Derby, marchant

(1) *Chronologie des comtes de La Marche*, par M. Delisle. — *Arch. hist. de la Saintonge*, XII, 29. — *Hist. du Poitou*, par Thibaudeau, éd. 1840, t. I, 398, 399. — *Annales d'Aquitaine*, par Bouchet, 184. — *Arch. hist. du Poitou*, XI, 45.

(2) Antiq. de l'Ouest, XI.

(3) Mém. Ant. Ouest, XI, 364.

(4) Cartul. de l'évêché, p. 141, 142, ap. *Arch. hist. du Poitou.*

(5) *Arch. hist. de la Saintonge*, XII, 29.

(6) *Arch. hist. du Poitou*, XI, 40.

(7) *Chronologie des comtes de La Marche.*

(8) *Arch. hist. du Poitou*, XI, 112, 229, 176, 354.

(9) *Annales d'Aquitaine*, par Bouchet, 189. — *Inventaire des arch. munic. de Poitiers*, par Rédet, 308.

sur Poitiers avec une armée d'Anglo-Gascons, brûla la ville basse de Lusignan et contraignit le châtelain à lui rendre le château. Il y plaça une garnison de cent hommes d'armes et des gens de pied sous le commandement de Bertrand de Montferrand, puis il continua sa route vers Poitiers, qu'il emporta et pilla le 4 octobre. La garnison anglo-gasconne de Lusignan prolongea son occupation pendant près de cinq ans, au grand désespoir du pays, qu'elle opprima sans pitié et qu'elle tint en continuelles alarmes. Ils pillèrent successivement Sainte-Soline, Melle et même Loudun, en 1350. Battus à Chenay, par le capitaine royal, Floton de Ravel, en juin 1348, ils mirent en déroute, à Limalonges, en septembre 1349, le capitaine Jean de Lisle. Enfin, au mois de mai 1351, Lusignan fut enlevé aux Anglais par le connétable Charles d'Espagne et Jean le Meingre, dit Boucicaut, malgré la résistance du château qui fut plus longue que celle de la ville (1).

Institué capitaine du château de Lusignan, Boucicaut s'empressa de le réparer. Le receveur de Poitou, Philippe Gillier, lui versa pour cet objet, le 8 juin 1351, la somme de 250 livres (2). Jean de Berry, comte de Poitou, assigna à ce brave chevalier 250 livres de gages par mois, en temps de guerre, et 160 livres pendant les trêves. Mais, au mois de juin 1356, il ordonna de lui verser par avance le dernier semestre de l'année, afin de mieux pourvoir à la défense de cette place importante (3).

Boucicaut était encore gouverneur de Lusignan lorsque le traité de Brétigny fit passer le Poitou sous la domination anglaise. Le 25 septembre 1361, à Poitiers, il en donna la saisine verbale au célèbre Jean Chandos, lieutenant du roi d'Angleterre, tout en conservant le titre de gouverneur au nom du nouveau souverain. Le lendemain, 26 septembre, Chandos alla à Lusignan. Hugues de Forses, capitaine du château, et Louis d'Harcourt, commissaire du roi de France, lui en remirent les clefs. Chandos y entra, en prit possession réelle et y coucha avec sa suite. Le 27 septembre, il confirma Huguet Repin dans sa charge de garde du sceau de la châtellenie (4). Les revenus de la prévôté de Lusignan sont évalués par les comptes de l'administration anglaise de 1363 à 1370, à une somme variant de 105 à 180 livres par an (5).

La guerre recommence en 1369. Vers le milieu de cette année, une partie de la garnison anglaise de Lusignan, commandée par Simon Burleigh et Adam Chel, dit d'Agorisses, était sortie, chevauchant vers Mirebeau. Un parti français, aux ordres de Jean de Bueil, Louis de Saint-Julien et Carenloet le Breton, qui battait le pays, surprit tout à coup les Anglais. Un combat très vif s'engage. Les Français vainqueurs poursuivent avec une telle rapidité l'ennemi, que Burleigh, arrêté par une chaussée rompue, tomba en leur pouvoir. D'Agorisses n'eut que le temps de se jeter dans le château de Lusignan (6).

Lors de la conquête du Poitou par Duguesclin, en 1372, une tentative infructueuse peu connue fut faite sur Lusignan, au mois de septembre. Le siège n'y fut mis d'une manière sérieuse que le 5 mars 1373. La garnison anglaise était commandée par Jean Cresswell et Geoffroy de Saint-Quentin. Afin de réduire cette place redoutable qu'il était difficile d'emporter d'assaut, Jean de Berri, comte de Poitou, la fit environner de bastides garnies de six cents lances environ, sous les ordres de Jean de la Personne, sénéchal de Poitou, Hugues de Froideville, maréchal d'Auvergne, Gadifer de la Salle, Alain de Beaumont, etc. D'après Froissart et Hay du Chastellet, Duguesclin aurait paru un instant au siège, vers le 1er avril 1373, et se serait rendu maître de Lusignan par composition. Il est possible que la ville ait été prise alors. Mais, en réalité, le blocus du château dura vingt mois. Le duc de Berry faisait sans cesse renforcer les bastides et y faisait placer des engins. Lors de la trêve qui intervint en mars 1374, les deux commandants de Lusignan, réduits à la misère, obtinrent du duc de Lancastre, lieutenant anglais en Aquitaine, 6,000 florins pour se ravitailler. Vainement ils essayèrent de rompre les lignes des assiégeants. Fait prisonnier dans une sortie, en juin 1374, Cresswell fut emprisonné dans la tour Trompe, à Lusignan, sous la garde de Robinet Mellou, capitaine de ladite tour. Jean d'Arras nous apprend que cette tour était située entre le château et le bourg, et qu'elle tirait son nom de ce que le sonneur de trompe se tenait sur son sommet pour donner l'alarme. Enfin le château capitula le 1er octobre 1374. Le duc de Berry en confia la garde, ce jour-là même, à titre de capitaine châtelain, à son écuyer Lyonnet de Pennevaire, aux gages de 25 francs par mois (7).

On manque de renseignements sur les travaux exécutés par le duc de Berry au château de Lusignan, où il aimait à séjourner. Une curieuse miniature d'un livre d'Heures de ce prince, sur laquelle nous reviendrons plus loin,

(1) Froissart, éd. Luce, t. IV, 11, 219, 223, et notes, p. VII. — *Chronique normande du XIVe siècle*, éd. Molinier, 69, 100, 268, 269. — *Arch. hist. du Poitou*, XIII, introd., par Guérin, et passim; XVII, introd. XXIII.

(2) *Arch. hist. du Poitou*, XVII, introd. XXIII.

(3) Pièces origin. à la bibl. de Poitiers.

(4) *Procès verbal de délivrance à Jean Chandos*, publié par Bardonnet.

(5) *Coll. des Doc. français en Angleterre*, par J. Delpit, p. 148.

(6) Froissart, éd. Luce, t. VII, 121, et notes LIII, LIV.

(7) *Arch. hist. du Poitou*, t. XIX, introd. XLVII-LI. — Froissart, éd. Luce, t. VIII et notes LXI-LXIV. — *Hist. de Duguesclin*, par Hay du Chastellet. — D. Fonteneau, t. VIII, 153. — Arch. munic. de Poitiers, E, 13, l. 12.

représente cet admirable monument. (*Voir l'héliogravure, page 5.*) Le toit de la tour principale était alors surmonté d'une image de Mélusine, en métal doré, dont Jean d'Arras, secrétaire du duc, avait composé la fabuleuse histoire, à la demande de Marie de Bar, sa fille (1). Le duc de Berry acheta, le 24 janvier 1408 (v. s.), d'un certain Huguet Giraudeau, de Lusignan, un pré situé au jardin du château, près du chemin de Poitiers audit château. Cette acquisition avait évidemment pour objet l'agrandissement des dépendances (2).

Pendant les guerres civiles des Armagnacs et des Bourguignons, le sire de Heilly, envoyé par le roi, en 1412, pour saisir le comté de Poitou sur le duc de Berry, prit bien possession de toutes les villes et de tous les châteaux, mais il n'osa pas ou ne put pas mettre la main sur celui de Lusignan, dont le sire de Barbazan avait la garde (3). Lors du séjour du dauphin Charles à Lusignan, au mois d'octobre 1418, Barbazan fit construire un boulevard à l'entrée du château (4). En 1424, Charles VII donna Lusignan, comme place de sûreté, au comte de Richemont (5). Il y fit un assez long séjour en 1427. Débiteur de 10,000 livres et de 11,000 écus d'or à Georges de la Trémoïlle, son chambellan, le roi lui donna comme gage de sa créance, le 29 octobre 1428, le château et la châtellenie de Lusignan. Il stipula que la garnison continuerait à se composer de 30 hommes d'armes et de 20 hommes de trait, soldés sur les aides de la châtellenie; qu'après le payement de sa dette, le château serait remis à Barbazan et que, jusque-là, le capitaine, Nicolas de Montlouis, qui y commandait comme lieutenant de Barbazan, obéirait à la Trémoïlle. Charles VII reprit Lusignan le 9 novembre 1432, et donna à la Trémoïlle d'autres domaines en gage (6).

Charles VII séjourna souvent à Lusignan, en 1441, 1450, 1451, 1453, et fit réparer le château, dont Jean du Mesnil était capitaine en 1448. La reine, Marie d'Anjou, fonda dans l'église de Notre-Dame une confrérie religieuse dite de la Visitation (7).

C'est au château de Lusignan que l'illustre Jacques Cœur, arrêté à Taillebourg le 31 juillet 1451, fut conduit par Mathieu de Harcourt, capitaine des archers de la garde du roi. Il y fut détenu durant tout le temps de l'instruction de son procès, sous la garde d'Antoine de Chabannes. La commission chargée de l'examen de cette grave affaire, composée de Hugues de Couzay, lieutenant du sénéchal de Poitou, Jean Tudert, Pierre Rocque, Denis d'Auxerre, Pierre Gaboureau, Guillaume Toreau, Jean Barbin, magistrats presque tous d'origine poitevine, travailla jusqu'au mois de juin 1452. Transféré alors au château de Maillé, en Touraine, Jacques Cœur fut amené, en 1453, au château de Poitiers, pendant que le roi, revenu à Lusignan où il avait mandé les commissaires avec les pièces de la procédure, se préparait à faire prononcer la sentence définitive. Le 29 mai 1453, le chancelier Jouvenel des Ursins, en présence du roi, du grand conseil et de toute la cour, donna lecture de l'arrêt qui condamnait Jacques Cœur au bannissement et confisquait ses biens pour crimes de concussion, d'exaction, de transport d'argent hors du royaume, en particulier chez les Sarrasins. L'innocence du richissime argentier, proclamée par la plupart des historiens, paraît aujourd'hui très problématique. Deux jours après, le 2 juin, Charles VII quittait Lusignan pour entreprendre la seconde campagne de Guyenne (8).

Louis XI enleva le gouvernement de Lusignan, en 1461, à Galoys de Vaussemain et le confia à Yvon du Fou, qui le possédait encore en 1475. C'était un serviteur dévoué au nouveau roi. Des réparations d'une certaine importance, s'élevant à la somme de 2,000 livres, furent ordonnées au château de Lusignan par Louis XI, à la suite d'un court séjour qu'il y fit en janvier 1463. Il chargea naturellement Yvon du Fou d'en surveiller l'exécution, par commission du 22 septembre 1464. Les travaux, dirigés par Jean Guibon, maître des œuvres du roi en Poitou, eurent pour objet la construction d'une chapelle au château, la réparation de la toiture de la grosse tour, des ouvrages de charpenterie et menuiserie dans le logis du lieutenant du château et dans les cuisines. Ils étaient terminés en juin 1466. De nouvelles réparations y furent encore entreprises en 1479-1480, par ordre du roi, qui leva dans ce but une taille de 700 livres sur la province (9). Louis XI autorisa, en 1469, son frère Charles, duc de Guyenne, à résider à Lusignan pendant une épidémie qui régnait en Saintonge (10). Plus tard, Charles VIII passa à Lusignan avec son armée, le 20 février 1487, en allant réprimer la révolte de Dunois en Guyenne.

(1) *Gazette archéologique*, 1887, nos 3-4.
(2) Arch. nat., J. 186, n° 86.
(3) Cousinot, *Gestes des Nobles*, p. 141.
(4) Clairembault, t. IX, p. 557. — *Hist. de Charles VII*, par de Beaucourt, I, 445.
(5) Mém. de Gruel.
(6) *Chartrier de Thouars*, par le duc de la Trémoïlle, p. 17-19. — D. Fonteneau, t. XXVI, 373.
(7) *Mém. sur N.-D. de Lusignan*. — *Éloge de Charles VII*, par Baude, ap. *Nouv. rech. sur Baude*, par Vallet de Viriville. — Arch. des Deux-Sèvres.
(8) *Jacques Cœur et Charles VII*, par Pierre Clément. — *Le procès de Jacques Cœur*, par de Beaucourt, ap. *Revue des questions historiques*, avril 1890.
(9) Bibl. nat., suppl. franç., 6737. — Arch. des Deux-Sèvres, G. 22. — Arch. mun. de Poitiers, F, 78, l. 16. — F. fr. 21,423, ap. Mém. Ant. Ouest, 2e série, t. II, 504.
(10) Ms. fr. 6,961. Legrand.

En 1524, le château de Lusignan reçut un prisonnier de distinction, Philbert de Chalon, prince d'Orange, partisan de l'empereur Charles-Quint et ennemi de la France. François du Fou, sieur du Vigean, qui en était capitaine, fut chargé de sa garde. Il le traita, d'ailleurs, avec humanité. Jean Bouchet, qui alla voir le prisonnier et causa avec lui, rapporte qu'il charmait ses loisirs par la lecture des auteurs latins et des Chroniques françaises (1). La noblesse du Poitou, réunie à Lusignan, en 1529, par François de la Trémoïlle, lieutenant du roi, pour le payement de la rançon de François Ier, vota une taxe d'un dixième sur ses revenus (2). Lorsque Charles-Quint, traversant la France, en 1539, s'arrêta à Lusignan, il fut frappé de la beauté et de la force imposante du château. Son admiration ne pouvait se rassasier de sa vue, et il écoutait avec complaisance les légendes de Mélusine, la fabuleuse fondatrice de cette étonnante forteresse, racontées dans leur naïf langage par les bonnes femmes qui lavaient la lessive à la fontaine de la Font-de-Cé (3).

Les guerres de religion allaient bientôt porter à ce château des coups terribles dont il ne devait pas se relever. Antoine de Bourbon, roi de Navarre, gouverneur de la Guyenne, y séjourna aux mois de mai 1559 et d'octobre 1560, s'efforçant de calmer les esprits surexcités. Après la prise de Poitiers sur les bandits huguenots de Sainte-Gemme, le 1er août 1562, le maréchal de Saint-André envoya à Lusignan une garnison de 60 hommes. Le sieur de la Messelière, qui la commandait, dévoué à l'autorité royale, veilla toujours avec vigilance sur la place importante qui lui était confiée (4). Il n'en fut pas de même du sieur de Sainte-Soline, qui avait acheté au sieur du Vigean la capitainerie du château. Au lieu d'y entretenir un nombre d'hommes suffisant, il n'y laissa qu'un pauvre vieux morte-paye. Lorsqu'au mois de novembre 1567 une troupe de protestants se présenta, le vieux soldat se laissa surprendre maladroitement, car s'il eût seulement tenu fermée la porte du château, l'ennemi n'aurait pu y pénétrer (5). Les protestants ne le conservèrent pas longtemps; mais, au mois d'octobre 1568, ils méditaient d'y rentrer par surprise, lorsque La Haye, lieutenant général de Poitou, prévenu du complot, y fit envoyer de Poitiers, en toute hâte, quatre enseignes du régiment du comte de Brissac (6).

Lusignan courut bientôt un danger bien plus sérieux. Gabriel de Rechignevoisin, sieur de Guron, capitaine du château, voulut profiter de la présence du comte de Brissac pour faire quelque tentative contre les protestants. Le 12 février 1569, ils tombèrent à l'improviste avec 800 arquebusiers sur le quartier de l'amiral Coligny, à la Mothe-Saint-Héraye, et en ramenèrent des prisonniers, parmi lesquels Montgommery et deux gentilshommes du pays nommés de Serres. Brissac quitta Lusignan, laissant à Guron son régiment, commandé par son lieutenant d'Aunoux. Les trois prisonniers, bien traités par Guron, tramèrent contre lui la plus noire trahison. Ils gagnèrent d'abord à leur dessein deux de ses officiers, Tesson et Usseau, et s'entendirent avec Coligny pour lui livrer la place. Voici la ruse qu'ils imaginèrent : chaque jour, la garnison faisait des sorties et ramenait au château des ennemis qui n'étaient autres que des soldats apostés par Coligny. On en amena ainsi, à plusieurs fois, quatre-vingts, qui furent emprisonnés dans la tour Poitevine. Le dimanche du carnaval, d'Aunoux, qui commandait dans la ville, invita à dîner les officiers du château. Les traîtres Tesson et Usseau, voulant profiter de cette occasion favorable, étaient sortis la veille pour faire leurs expéditions ordinaires. Ils rentrèrent le lendemain à l'heure du dîner, pensant que tous les officiers étaient à table en ville. Par un hasard heureux, Guron n'était pas sorti du château. Arrivés devant la première porte du château, avec de nouveaux prisonniers, Tesson et Usseau font abaisser le pont-levis par les soldats de garde, qui ne soupçonnaient rien, et pénètrent dans le corps de garde. En un instant, ils massacrent ces malheureux désarmés. La même scène de meurtre se renouvelle à la seconde porte, sans que personne s'en aperçoive. Devenus maîtres de la troisième porte par le même procédé barbare, les conjurés pénétraient dans l'intérieur, lorsqu'un habitant, nommé Olivier, courant épouvanté au logis de la Reine, où Guron dînait avec sa femme, plusieurs gentilshommes et ses deux prisonniers, les de Serres, lui cria : « Monsieur, sauvez-vous, on tue tout au corps de garde ». Aussitôt tout le monde court aux armes. Mais les deux de Serres, qui étaient du complot, se jettent sur Guron au moment où les conjurés entrent dans la salle. Guron, qui avait saisi une pertuisane, parvient à se dégager, et, suivi de douze des siens, gagne par un escalier dérobé les galeries hautes, et, de là, la tour Mélusine. Cependant les conjurés, avec le secours des prisonniers de la tour Poitevine qu'ils ont délivrés, continuent le massacre de la garnison et plantent un drapeau blanc sur la tour pour avertir Coligny, qui se tenait dans le parc à proximité, de faire avancer ses troupes. De son côté, Guron, dans la tour Mélusine (*voir le plan, page 11*), hisse son pavillon pour avertir les troupes de la ville, et dirige le feu des fauconneaux sur les rebelles. D'Aunoux et du Cluseau, beau-frère de Guron, entendant ce bruit, accourent au

(1) *Annales d'Aquitaine*, par Bouchet, 391.
(2) Idem, 453.
(3) Brantôme, *Vies des grands Capit. franç.*, t. V des œuvres, p. 19.
(4) Bibl. nat., f. fr. 15.877, p. 82, 236.
(5) Brantôme, t. V, p. 18.
(6) *Hist. des Troubles*, par La Popelinière.

château avec leurs soldats. Les deux premières murailles, qui n'étaient pas défendues, sont escaladées; un combat furieux s'engage à la troisième porte. Guron favorise par son tir les efforts des assiégeants. Enfin la porte de l'Échelle leur est ouverte. Alors se livre une véritable bataille, car plusieurs soldats de Coligny ont pénétré dans le château par une poterne de la tour Poitevine. Refoulés dans cette tour, les conjurés se voient bientôt privés de leurs communications avec le dehors, par suite de la perte de l'escalier de la poterne, dont les défenseurs du château s'étaient emparés et qu'ils avaient intercepté au moyen de pièces de bois. Se sentant perdus, Montgommery et les deux Serres descendirent des fenêtres de la tour à l'aide de draps de lit. L'un d'eux eut une cuisse cassée. Tous ceux qui ne purent s'échapper reçurent la juste peine de leur forfait. Ils furent tués sans miséricorde. Les deux traitres, Tesson et Usseau, hachés par morceaux, furent jetés comme les autres par-dessus les murailles. Guron demeurait donc maître de la place. Mais à quel prix! sa malheureuse femme avait été massacrée et le château était partout jonché de morts. Coligny, complice et témoin de cette horrible tragédie, vraiment honteuse de la part d'un grand capitaine, se retira, la rage dans le cœur, et se vengea en incendiant le château de Guron (1).

Il reparut devant Lusignan au moment où il se préparait à assiéger Poitiers, mais il l'attaqua d'une manière plus loyale. Le siège, commencé le 15 juillet 1569, ne fut pas soutenu, paraît-il, avec l'énergie suffisante. Guron, commandant du château, n'avait que 100 à 200 hommes et six canons que lui avait laissés Du Lude, gouverneur du Poitou. Une batterie, placée sur la hauteur du parc par Coligny, ayant ouvert une brèche et abattu la tour du coin, et Paillerie, un des capitaines de la garnison, ayant été tué sur la brèche, Guron capitula le 20 juillet, à condition que tous les défenseurs sortiraient libres. Coligny confia la garde de la place à François de Pont, sieur de Mirambeau (2).

Après la bataille de Moncontour (octobre 1569), le sieur de Mirambeau, sommé par Louis de Lansac, au nom du duc d'Anjou, lui rendit sans résistance le château de Lusignan, le 28 octobre. Il avait cependant réparé la tour du coin et disposait de forces suffisantes. Coligny en conçut une grande colère et disait que, s'il l'eût tenu, il lui aurait fait trancher la tête (3).

Les seigneurs de la Baronnière et de Lancières surprirent le château de Lusignan, le mardi gras, 24 février 1574, pour le compte du parti protestant. Doyneau, sieur de Sainte-Soline, qui en était capitaine, venait de résigner sa charge à Strozzi, qui n'en avait pas encore pris possession. Il n'y avait laissé que peu de soldats et une femme qui faisait l'office de portier. Profitant de cette négligence, la Baronnière, sous couleur de mascarade, se fit ouvrir la porte par cette femme, s'empara des clefs, et, avec l'aide de huit hommes postés près de là, fit prisonniers les soldats de garde dans les tours, et se rendit maître du château (4). Les protestants s'y fortifièrent aussitôt et y réunirent des forces considérables dont le sieur de Chouppes était un des principaux chefs. Durant plus de six mois, ils tinrent le pays en alarme à plusieurs lieues à la ronde, attaquant les villes, arrêtant les voyageurs, commettant partout d'audacieuses déprédations (5). La nécessité d'éteindre ce foyer de brigandages, d'arracher à la rébellion un de ses principaux boulevards, s'imposait de la manière la plus absolue. Mais l'entreprise n'était pas facile. Le duc de Montpensier, commandant de l'armée royale en Poitou, essaya d'abord de l'enlever par ruse. Pendant qu'il était campé non loin de là, à Sanxay, le 16 août 1574, le capitaine Saint-Martin, détaché de son armée avec une troupe d'élite, marcha sur Lusignan pendant la nuit. Il réussit à pénétrer dans la ville par intelligence avec des officiers qui devaient livrer la porte de la tour de la Fontaine. Mais, l'entreprise ayant été aussitôt découverte, il n'eut que le temps de fuir en passant par-dessous la herse de la porte, qui, par hasard n'avait pu glisser jusqu'à terre (6).

Il n'y avait plus qu'à se préparer au siège. Le duc de Montpensier arriva, le 30 septembre 1574, avec son armée devant Lusignan. Les assiégés, au nombre de 750 hommes, commandés par René, vicomte de Rohan, et le sieur de Saint-Gelais, avaient mis le feu à la basse ville et construit, en avant de la porte de la ville, deux forts nommés, l'un le fort du Lion, l'autre le ravelin des Dames. L'armée royale vint asseoir son camp à Enjambes, à l'entrée de la presqu'île sur laquelle sont situés la haute ville et le château. Le 12 octobre, l'artillerie renversa la façade de l'église. Le 13, elle battit le ravelin et la ville jusqu'au portail de Geoffroy. Mais l'attaque la plus efficace fut celle de la batterie de huit canons placés sur la hauteur de Puyberger, qui domine toute la ville. Leur tir renversa presque entièrement, le 15 octobre, le logis de la reine. Le 23 octobre, une brèche ayant été pratiquée, on donna sans succès l'assaut au fort de la Vacherie, où fut blessé le sieur de Bussy, lieutenant du duc de Montpensier. Les assiégés firent une sortie vigoureuse sur le camp le 28 octobre. Ils enclouèrent deux canons, tuèrent quatre-vingts

(1) Récit imprimé dans la *Revue d'Aunis, Saintonge et Poitou*, t. V, 49; d'après D. Fonteneau, t. LXV, 805. — *Hist. des Troubles*, par La Popelinière, l. V, 180, 181.

(2) *Histoire de d'Aubigné*, t. III, 81. — *Hist. des Troubles*, par La Popelinière, l. VII, 239, 240.

(3) La Popelinière, l. X, 330. — Brantôme, Œuvres, IV, 24. — Journal de Généroux, p. 62.

(4) Chronique de Pierre Brisson. — Journal de Denis Généroux, p. 114.

(5) Journal de Le Riche.

(6) Journal de Généroux. — Journal de Le Riche. — Thibaudeau. *Hist. du Poitou*, éd. 1840, t. II, 383.

hommes, et ne furent refoulés qu'avec peine par le sieur de Puygaillard. Les assiégeants établirent dans le parc, le 21 octobre, une batterie de cinq canons qui battait par derrière le ravelin de la Vacherie. Le 24 novembre, ils placèrent une autre batterie au Petit-Parc, près d'Enjambes, dirigée contre le ravelin des Dames, auquel on donna un assaut inutile. Le 24 décembre, une canonnade générale foudroya le château. Les batteries de Puyberger ouvrirent la tour Poitevine et la muraille jusqu'au logis de la reine, déjà abattu. Les assiégeants donnèrent un grand assaut infructueux; ils parvinrent toutefois à conquérir le ravelin de la Vacherie et à s'établir dans les fausses braies et au pied de la tour Poitevine. Pendant qu'ils travaillaient à saper et à miner le rocher ou la base des murailles, les

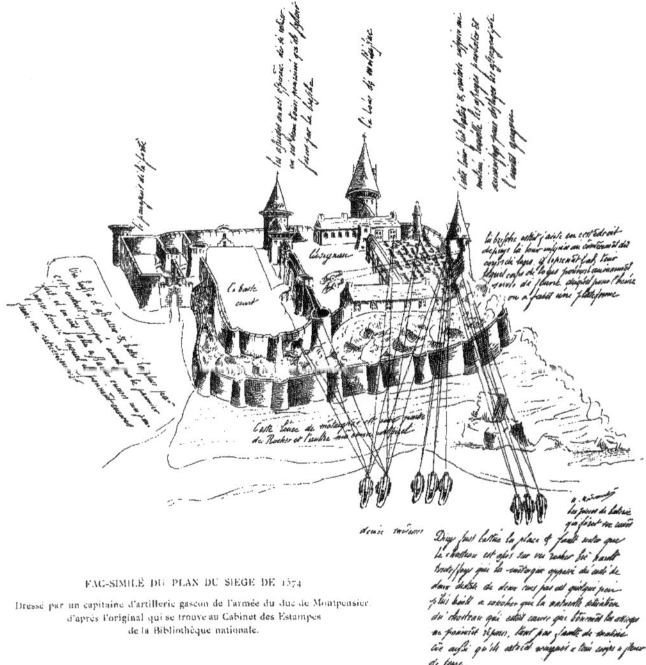

FAC-SIMILÉ DU PLAN DU SIÈGE DE 1574

Dressé par un capitaine d'artillerie gascon de l'armée du duc de Montpensier, d'après l'original qui se trouve au Cabinet des Estampes de la Bibliothèque nationale.

assiégés construisaient une plate-forme casematée sur les ruines du logis de la reine. Cependant, malgré leur énergie, les défenseurs de Lusignan étaient en proie à la plus affreuse misère. La famine était telle qu'ils en étaient réduits à manger les chats et les rats. Une situation si précaire ne pouvait manquer d'amener la capitulation. Elle fut signée au Mureau, le 15 janvier 1575. Le duc de Montpensier accorda aux assiégés la liberté de se retirer avec armes et bagages, et d'être conduits en sûreté dans leurs maisons ou à La Rochelle. Ils sortirent donc par la porte du Parc au nombre de 200 ou 300 hommes exténués et manquant de tout, et s'acheminèrent vers La Rochelle sous la conduite du sieur de Puygaillard (1).

La conquête de Lusignan avait coûté trop cher pour qu'on ne recourût pas au seul moyen capable de prévenir la triste nécessité d'un nouveau siège. Le duc de Montpensier détermina le roi Henri III à faire détruire entière-

(1) *Discours des choses avenues par chacun jour durant le siège de Lusignan, l'an 1574.* — Journal de Le Riche. — Bull. de la Soc. des Ant. de l'Ouest, t. XIII, *Notice sur le château de Lusignan*, par M. Babinet, avec le plan du siège de 1574.

ment une place aussi redoutable. D'ailleurs, les populations, écrasées par les réquisitions, les déprédations, les violences de toute nature exercées par les deux partis qui se disputaient tour à tour sa possession, réclamaient avec instance cette exécution. Le roi chargea Aimery de Barbezières, seigneur de Chémerault, du soin de procéder à la démolition, et lui accorda le privilège d'employer les matériaux à la construction de son château de Marigny, situé dans le voisinage. Chémerault requit immédiatement de toutes parts, de par le roi et sous peine d'amende, une armée de démolisseurs. La ville de Saint-Maixent fournit, à elle seule, en avril 1575, quarante maçons, vingt charpentiers et deux cents pionniers. L'œuvre de destruction se poursuivait avec activité, lorsqu'en décembre 1575 la reine Catherine de Médicis, qui négociait à Boisgrollier, dans le voisinage, avec son fils, le duc d'Alençon, eut la curiosité de venir voir les ruines. Les sieurs de Brantôme, de Lansac, de La Rochepozay, de Strozzi l'accompagnaient. L'aspect désolé de ce magnifique château de Lusignan, de cette *perle antique*, à moitié démoli et désormais condamné à disparaître, toucha la reine profondément. Elle maudit l'ordre barbare du roi et se promena longtemps sur les décombres. Elle écouta, elle aussi, avec complaisance, comme Charles-Quint, les récits des bonnes femmes qui, en lavant la lessive à la fontaine, racontaient les apparitions de Mélusine, dont le cri sinistre s'était fait entendre pour la dernière fois lorsque la destruction de son admirable demeure fut résolue (1).

Malgré cette précaution héroïque, Lusignan toutefois n'en avait pas fini avec la guerre civile. La nuit du 20 au 21 février 1586, la ville fut prise et pillée par les protestants de Carbonière, qui y pénétrèrent en rompant la porte avec un pétard. Les courses et les pillages recommencèrent dans les environs. Après une vaine tentative du capitaine de Verluisant, le 15 avril, M. de Malicorne, gouverneur du Poitou, y vint avec plusieurs compagnies et s'empara de la basse ville, le 12 mai. Un petit combat fut livré aux défenseurs de la haute ville, qui s'y maintinrent. Le capitaine Carbonière, sommé le 20 mai, par le maréchal de Biron, de rendre la ville, refusa. Enfin le roi de Navarre ayant consenti à l'évacuation, Biron vint à Lusignan avec deux cents chevaux, le 9 juin 1586, et en fit sortir les protestants. Il ordonna ensuite le démantèlement des murs de la ville (2).

Plus tard, en 1616, le prince de Condé révolté ayant fait avancer près de Lusignan deux mille six cents hommes commandés par le seigneur de Saint-Arsent, pendant que le roi était à Poitiers, le duc de Guise, campé à Pamproux avec l'armée royale, résolut de les déloger. Le 7 janvier 1616, il tomba sur eux à l'improviste avec quatre mille hommes, et les mit en complète déroute, dans un lieu indéterminé, non loin de Lusignan. Puis il retourna à Pamproux et envoya à Poitiers les enseignes prises sur les rebelles (3). L'autorité royale entretenait une garnison à Lusignan, car on redoutait toujours, non sans motifs, la turbulence des grands seigneurs et les prétentions excessives des protestants. Une curieuse brochure de l'époque raconte la terreur comique éprouvée par cette garnison et plusieurs habitants de la ville, dans la nuit du 22 juillet 1620. Pendant que les soldats veillaient sur les murailles, deux hommes de feu apparurent dans les airs, entre le château et le parc, au-dessus de la rivière. Après un combat acharné qu'ils se livrèrent, l'un d'eux tomba blessé en poussant un cri épouvantable qui éveilla plusieurs habitants. Puis des monstres enflammés et de hideux oiseaux noirs et blancs se montrèrent planant sur la ville et sur le parc, où leurs cris effroyables glacèrent de peur tous ceux qui les entendirent (4).

La démolition du château de Lusignan n'était pas complète. On avait même épargné, en 1574, la tour Mélusine. Ce qui en subsistait en 1622 inspirait encore de mortelles inquiétudes aux populations voisines, et particulièrement aux habitants de Poitiers. Le comte de La Rochefoucauld, vivement sollicité par le corps de ville, ordonna d'en raser les derniers restes, à l'exception d'un logis, et requit pour cette besogne les paysans des environs. Ils exécutèrent si ponctuellement cet ordre, sous la surveillance du maire de Poitiers, qu'il n'en resta pas pierre sur pierre. Désormais tout est bien fini. L'antique forteresse des Lusignan n'est plus qu'un souvenir. Mais la paix publique est assurée. Plus tard, à la fin du XVIIIe siècle, l'intendant de Blossac fit planter une promenade sur ce promontoire solitaire, naguère témoin de tant d'événements et théâtre de tant de luttes (5).

Le retour si désiré de la tranquillité, que l'apparition du frondeur, prince de Marcillac, chassé presque immédiatement de Lusignan en avril 1650, par le maréchal de La Meilleraye, ne pouvait troubler qu'un instant, permit de relever lentement les ruines des longues guerres religieuses. L'église de Notre-Dame, d'abord pillée et transformée en temple par les protestants durant leur domination, avait été horriblement dégradée par l'artillerie du duc de Montpensier, en 1574. La façade, une partie des voûtes, le prieuré situé sur le côté du nord, avaient été renversés. L'église de Pranzay, située au lieu où se trouve le cimetière actuel, avait été également détruite. Le service paroissial en fut

(1) Brantôme, Œuvres, t. V, 15-20. — Journal de Le Riche.

(2) Journal de Le Riche.

(3) *La défaite des carabins et autres troupes de M. le prince de Condé, faite le jeudi 7 janvier par M. le duc de Guise*, 1616.

(4) *Effroyable rencontre apparue proche le château de Lusignan la nuit du 22 juillet 1620.*

(5) Thibaudeau, *Hist. du Poitou*, t. II, 385. — Chronique de Brisson, ap. *Chron. Fonten.*, p. 352. — Lettre de Besly, janvier 1622, ap. *Arch. hist. du Poitou*, t. IX.

transféré à Notre-Dame, et les deux paroisses finirent par être réunies en 1712. Celle de Saint-Martin d'Enjambes ne fut réunie qu'à l'époque du Concordat.

Les accroissements de la ville ne furent guère sensibles. Les tanneries et les fabriques de draps constituant sa seule industrie, n'avaient pas assez d'importance pour produire quelque développement de la population (1). Des lettres patentes de décembre 1695, enregistrées au Parlement le 10 juillet 1696, convertirent en hôpital Hôtel-Dieu dit de Saint-Louis, l'ancienne aumônerie de Pranzay fondée pour loger les pèlerins et les pauvres passants, où de grands abus s'étaient produits. Elles réunirent, en outre, au nouvel établissement, la maladrerie ou aumônerie de la Font-de-Cé. Ces deux anciennes aumôneries, dont l'existence remontait au XIIe siècle, devaient leur fondation ou dotation aux seigneurs de Lusignan. Les lettres patentes y réunirent également les aumôneries de la Villedieu-du-Perron, de Couhé, de Vivonne, de Chenay et de Chey. On y joignit, en 1699, l'aumônerie de Saint-Christophe de Civray, et en 1707 les aumôneries de Saint-Sauvant et de Saint-Jacques de Coulombiers. L'hôpital de Lusignan ainsi constitué était destiné aux pauvres malades de la ville et des paroisses circonvoisines. Il avait un revenu de 2,800 livres. Mais l'admission des soldats malades devint pour lui une lourde charge, car Lusignan était un lieu de grand passage de troupes. L'administration en fut confiée à des religieuses hospitalières de Sainte-Marthe, par l'évêque de Poitiers, Mgr de la Poype de Vertrieux (2). L'hôpital actuel, qui occupe l'emplacement de l'ancien, a été reconstruit avec goût, il n'y a pas de longues années, par M. Ferrand, architecte diocésain.

L'ancien domaine des seigneurs de Lusignan, réuni à la couronne en 1308 par Philippe le Bel, se composait principalement de la forêt ou parc de Lusignan, aménagée en coupes de douze arpents par an, de la forêt de Saint-Sauvant et de la forêt de Coulombiers. Une autre partie du domaine de Lusignan fut engagée par le roi, le 11 août 1718, au marquis de Bonneval, moyennant la somme de 54,360 livres. Il se composait de : 1° les halles; 2° le minage; 3° le terrage du parc de Lusignan; 4° le moulin banal de Vauchiron; 5° des terres vaines et vagues dans la forêt de Saint-Sauvant; 6° le four banal de Lusignan; 7° le pré du Domaine; 8° le pré de Clifort; 9° les terres de la Vacherie; 10° le pré de la Prévôté; 11° le droit de pêche dans la Vonne; 12° le pré de la Nayde; 13° le pré de l'Héronnière; 14° le terrage au huitième des fruits sur vingt boisselées du parc de Saint-Sauvant. Tout cet ensemble fut affermé par le marquis de Bonneval au sieur Tilleux, chirurgien, pour le prix de 1,430 livres par an (3). Les autres portions du domaine étaient engagées à divers habitants de Lusignan, à titre de cens et rentes et de propriété incommutable. Elles produisaient, en 1730, la somme de 350 livres. C'étaient : les coteaux du château; la petite garenne située au-dessus de la basse ville et de la Vacherie, touchant au chemin de la porte de Notre-Dame; le pré de la Plesse; une tour touchant au pré de la Vacherie et au chemin de Poitiers à Lusignan; une autre tour près dudit chemin, au-dessous de l'emplacement du château; le péage de Lusignan perçu à raison de 10 deniers par charrette, 4 deniers par bœuf, vache ou veau; le lieu de la Mothe, où l'on joue à la boule; le poids du roi consistant en 10 deniers par cent pesant (4).

La châtellenie ou baronnie de Lusignan, avant sa réunion à la couronne, relevait à hommage lige des comtes de Poitou et des évêques de Poitiers. Elle s'étendait sur près de quarante paroisses, dont plusieurs sont fort éloignées, mais la plupart dans le voisinage, telles que Cloué, Coulombiers, Celle-l'Évescault en partie, Curzay, Jazeneuil, Marçay, Marigny-Chémerault, Saint-Sauvant, Pamproux, Mézeaux, etc. Soixante-et-un vassaux en relevaient. Les seigneurs du Chillou et du Breuil devaient, à première réquisition, se rendre au château de Lusignan pour y garder la porte Saint-Jacquelin durant quarante jours. Le seigneur du Plessis-Sénéchal devait garder la porte de la Vallée, celui de la Graslière la porte au Seigneur, et celui de Lansonnière une porte de la ville dite porte Marchande (5).

Curzay, l'un des principaux fiefs mouvants de Lusignan, jouissait du droit de haute justice. La famille de Curzay le posséda depuis le commencement du XIe siècle jusqu'au XVe. Il passa à la famille Ratault aux XVe et XVIe siècles. Le château est une construction de cette dernière époque, réédifiée en 1715. (*Voir le dessin page 20.*) Le château de Marconnay (commune de Sanxay), qui relevait de Curzay, est une curieuse forteresse des XIVe et XVe siècles. Son enceinte, flanquée de tours rondes, et son donjon carré, subsistent encore (6). (*Voir pl. 6 et 7.*)

Mauprier, autre fief relevant de Lusignan, avait un ancien château flanqué de tours aux quatre angles. Détruit par un incendie, il a été reconstruit dans notre siècle. Il fut longtemps possédé par la famille de Gourjault depuis

(1) *Almanach provincial du Poitou.*

(2) *Bull. de la Soc. d'Agriculture de Poitiers*, t. XI, 43. — Notes de M. Rédet, d'après les arch. dép. — Grand-Gautier. — *Dict. topogr. de la Vienne.*

(3) Dom Fonteneau, *État du domaine du roi en Poitou en 1730.*

(4) Idem.

(5) *Hiérarchie féodale des chateaux*, par Rédet, ap. Bull. des Ant. de l'Ouest, t. VIII, 145. — *Dict. topogr. de la Vienne*, par Rédet.

(6) *Répert. arch. de la Vienne*, ap. Bull. Ant. de l'Ouest, t. IX, 233. — *Dict. topogr. de la Vienne.*

1363 au plus tard jusqu'à la fin du XVIIe siècle. Les Gourjault avaient, dès le commencement du XVe siècle, leur chapelle funéraire dans l'église de Pranzay. Ils possédaient les moulins de Chézeau ou Chédeau, assis sous le château de Lusignan (1). Mauprier passa ensuite aux Bellin de la Liborlière et appartient aujourd'hui à la famille Mayaud. C'est au château de Mauprier que, le 27 septembre 1574, eut lieu une entrevue entre le seigneur de Surin, délégué de la reine-mère, et les seigneurs de Chouppes et de Céré, pour obtenir la soumission de Lusignan. La tentative échoua.

Château de Curzay construit en 1715, restauré de 1884 à 1890.
(D'après une photographie de M. le vicomte de Curzay.)

L'archiprêtré de Lusignan comprenait dans sa circonscription, d'après le pouillé de Gauthier, les paroisses de Notre-Dame, Pranzay, Enjambes, Voulon, Marigny, Cloué, Celle-l'Évescault, Saint-Georges et Saint-Michel de Vivonne, Château-l'Archer, Iteuil, Mézeau, Coulombiers, Anché, Marnay, Alonne, Andillé, Marçay, Ligugé, Ruffigny, Bapteresse. La dignité d'archiprêtre était annexée, dès le XIIIe siècle, au prieur ou doyen du chapitre de Celle-l'Évescault. Plus tard, elle fut unie à la cure de Voulon. La nomination aux cures de Notre-Dame de Lusignan, Saint-Aquilin de Lusignan, Pranzay et Enjambes, appartenait à l'abbé de Nouaillé (2).

Le prieuré de Notre-Dame valait, en 1769, 4,800 livres, sur laquelle somme le prieur donnait au curé quatre-vingt-seize boisseaux de seigle et 60 livres pour portion congrue. La cure valait en totalité 500 livres. Celle de Pranzay valait 1,200 livres, mais le curé payait son vicaire. Celle d'Enjambes valait 386 livres en 1728. Il n'y avait dans cette paroisse que très peu de catholiques, car c'est là que se trouvait agglomérée la population protestante qui, en 1769, s'élevait à deux cents habitants. Un petit prieuré d'Enjambes, fondé dans la chapelle du Parc, restaurée en 1624, était tombé en ruine. Le service se faisait dans l'église de Saint-Martin d'Enjambes en 1769 (3).

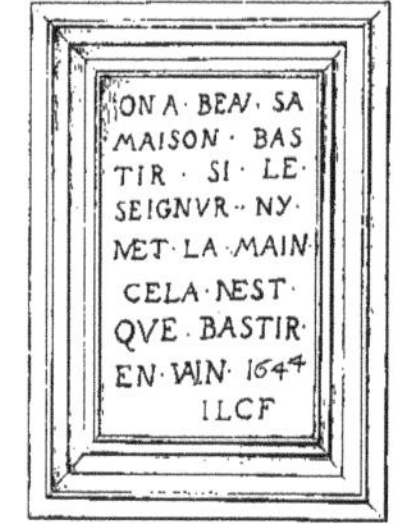

Inscription protestante
sur une cheminée d'une maison XVIIe siècle
du faubourg d'Enjambes.

Le siège royal de Lusignan comprenait dans son ressort environ l'étendue de la châtellenie, sauf quelques modifications apportées plus tard. La justice y était exercée dans les deux derniers siècles par un lieutenant général, un lieutenant particulier, un lieutenant de police et un procureur du roi. Les appels étaient portés au Parlement de Paris et au présidial de Poitiers, suivant les cas prévus par l'édit de 1551 (4). Voici la composition du siège royal en 1789 : M. Bonneau Duchesne, lieutenant général; M. Bouthet de la Richardière, lieutenant de police; M. Bouthet de Monfrault, lieutenant particulier; M. Mathé, procureur du roi (5).

L'administration de la communauté des habitants, confiée sans doute anciennement à un syndic électif, fut transformée par l'édit de 1765 qui établissait partout une organisation municipale uniforme, composée d'un maire et de plusieurs échevins. Voici les noms des derniers membres du corps de ville de Lusignan, au moment de la Révolution : M. Bouthet de la Bessonnerie, maire; Vaugelade, lieutenant de maire; Bouthet de Monfrault, premier échevin; Nau de la Sauvagère, procureur du roi; Gouault, greffier (6).

Lusignan, en 1790, fut érigé en chef-lieu de district et fut par suite doté d'un tribunal. On supprima le district en 1795, mais le canton fut agrandi en 1801 par la suppression des cantons de Sanxay et de Saint-Sauvant. Depuis lors, sa situation, au point de vue administratif, ne s'est pas modifiée. C'est toujours une petite ville et un grand nom.

(1) *Dict. des fam. de l'ancien Poitou*, t. II, 169.
(2) *Pouillé du diocèse de Poitiers*, par Beauchet-Filleau.
(3) Notes de M. Rédet, d'après les Arch. départ.
(4) *Dict. topogr. de la Vienne.*
(5) *Almanach provincial et historique du Poitou.*
(6) Idem.

MONUMENTS

LE CHATEAU

Il ne subsiste plus rien de l'admirable château de Lusignan, si vanté par Brantôme, si célèbre dans l'histoire. Mais, plus heureux que la plupart des monuments de ce genre, il a survécu pour ainsi dire à lui-même dans deux anciennes et très curieuses gravures qui en ont conservé la représentation antique, sinon irréprochable, du moins suffisante pour s'en rendre compte. La plus intéressante est sans contredit une des miniatures du magnifique livre d'Heures de Jean, duc de Berry, comte de Poitou, aujourd'hui possédé par le duc d'Aumale (*voir l'héliogravure, page 5*), qui en a libéralement laissé prendre une photographie pour l'illustration de notre ouvrage. Ce beau et curieux livre, exécuté vers 1410 pour le duc de Berry, par l'enlumineur Pol de Limbourg, contient les vues des brillantes résidences dont il était maître et qu'il avait construites ou embellies (1). Il ne faut donc pas trop s'étonner d'y rencontrer le château de Lusignan. La vue est prise des hauteurs de Puyberger. On y reconnaît très bien l'ensemble et les principales parties du monument, la tour Mélusine, la tour Poitevine au-dessus de laquelle plane en volant la fameuse fée-serpent, le logis de la reine, le portail de l'Échelle, le portail de Geoffroy à la Grand'dent, la tour de l'Horloge ou de la Lanterne, la Barbacane, le mur d'enceinte crénelé et la muraille enveloppant les fausses braies sur le penchant du coteau.

Un autre croquis plus imparfait, mais non moins curieux, dessiné également des hauteurs de Puyberger, en 1574, par un officier de l'armée assiégeante du duc de Montpensier, représente la vue cavalière du château de Lusignan foudroyé par l'artillerie (2). (*Voir le dessin en fac-similé, page 17.*) On y reconnaît d'une manière plus nette encore les diverses parties qui le composaient. Les cours intérieures, avec leurs enceintes et leurs portes, apparaissent clairement, aussi bien que la galerie de bois faisant communiquer le logis de la reine aux bâtiments voisins de la tour Mélusine, et que les assiégés de 1574 abattirent (3). La description du château, donnée dès 1387 par Jean d'Arras, dans son roman de Mélusine, et celle du récit du siège de 1574, donnée par un témoin oculaire, sont absolument conformes à la miniature du livre d'Heures de Jean de Berry et au croquis militaire de 1574. Il serait assez facile, au moyen de ces documents, de restituer l'illustre forteresse. C'est ce qu'ont tenté de faire deux habiles dessinateurs, MM. Girault et Bourdier, auteurs du remarquable plan joint à cette notice. (*Voir le plan, page 11.*) Grâce à quelques recherches faites sur les lieux et au croquis de 1574, reproduit par M. Girault, ils ont ressuscité l'aspect antique du fameux château. De la place du Bail, emplacement presque certain du boulevard construit en 1412, on pénétrait par la porte du Bail dans une barbacane appelée aussi pourpris, puis, par la porte de Geoffroi à la Grand'dent, précédée de douves et de pont-levis, dans la grande cour. La tour de l'Horloge ou de la Lanterne, dominant tout Lusignan, s'élevait à droite. Les écuries étaient à gauche. La tour de la Fontaine était aussi à gauche, et, à ses pieds s'ouvrait, suivant le récit du siège, une petite poterne pour descendre dans les fausses braies et vers la Vonne. On entrait par une troisième porte, dite de l'Échelle, dans la cour intérieure. Là, on voyait à droite une chapelle et le grand logis de la Reine regardant sur la basse ville. A gauche, un logis s'étendait jusqu'à la tour Mélusine, la plus haute, la plus belle, la plus forte de toutes celles du château. Puis il y avait à la suite d'autres logis regardant sur le parc, et qui, du temps de Jean de Berry, devaient être plus considérables, si l'on en juge par l'enluminure du livre d'Heures. Une galerie de bois, renversée pendant le siège de 1574, les réunissait au logis de la Reine. C'est par là que le capitaine de Guron, assailli par les conjurés de 1569, se réfugia dans la tour de Mélusine. Le promontoire se terminait par la tour Poitevine, ainsi désignée dès le XIVe siècle. L'artillerie des assiégeants, en 1574, la renversa presque entièrement. Non loin de là, une poterne conduisait dans les fausses braies à un corps de garde retrouvé par M. Girault, et complétement démoli depuis quelques jours. Tout autour et à la base du coteau, circulait une muraille garnie de tours qui constituait ce que l'on appelait les fausses braies, dont les traces sont encore apparentes. Elle se reliait vers l'extrémité du promontoire avec le fort de la Vacherie, qui a complètement disparu.

(1) *Gazette des Beaux-Arts*, 1884, t. 29, p. 403-404; art. de M. L. Delisle sur le livre d'Heures de Jean de Berry.

(2) Ce curieux dessin a été trouvé à la Bibliothèque nationale, en 1858, par M. Babinet, conseiller à la Cour de Cassation, dans un carton contenant des dessins non classés.

(3) *Notice sur le château de Lusignan*, par M. Babinet, ap. Bull. de la Soc. des Antiq. de l'Ouest, t. XIII, 216, 307.

Peu de temps après sa première démolition, sous le règne de Henri IV, un graveur de cette époque, Claude de Chastillon, exécuta une vue de Lusignan, prise des hauteurs du parc. Le promontoire du château n'apparaît plus, comme dans la miniature du XVe siècle, recouvert de tours élégantes, de vastes logis, entouré de formidables défenses. Ce n'est plus qu'un triste amas de décombres déserts. Près de là, les maisons de la ville se pressent autour de l'église Notre-Dame, dont la toiture et les voûtes, renversées par l'artillerie de Montpensier, ne sont pas encore réparées. Le mur de fortification de la ville a été épargné et on y voit la porte du parc qui s'ouvre au sommet du coteau, non loin de l'emplacement du château. Plus loin, à droite, on aperçoit le clocher de St-Martin d'Enjambes (1).

En 1730, un état du domaine du roi constate l'existence du logis épargné en 1622. Il était situé au bout de la Barbacane ou pourpris de la porte du château, sur le bord du coteau qui regarde le parc, au nord. C'est la mairie actuelle de Lusignan. En 1782, les agents du comte d'Artois, apanagiste du Poitou, conçurent le projet d'aménager ce bâtiment pour y installer le bailliage ou siège royal de Lusignan. Le plan qui en fut dressé par l'architecte Vétault, et qui existe aux archives de la mairie, ne fut pas exécuté. (*Voir ci-contre le fac-similé de ce plan.*) L'état de 1730 mentionne aussi une grande écurie, située plus loin dans l'ancienne grande cour du château, entre deux tours de la muraille du nord. (*Voir le dessin ci-dessous.*) Cette écurie, qui figure également sur le plan de 1782, a été, depuis une époque assez récente, transformée en école communale. Enfin le même état de 1730 et le plan de 1782 indiquent les deux tours de la porte de la Barbacane, abattues beaucoup plus tard. Quant à l'emplacement du château proprement dit, jusqu'au bout du promontoire, il était occupé par une plantation de vignes et d'arbres fruitiers. C'est sur ce terrain nivelé qu'a été établie la promenade actuelle, créée par l'intendant de Blossac, au XVIIIe siècle.

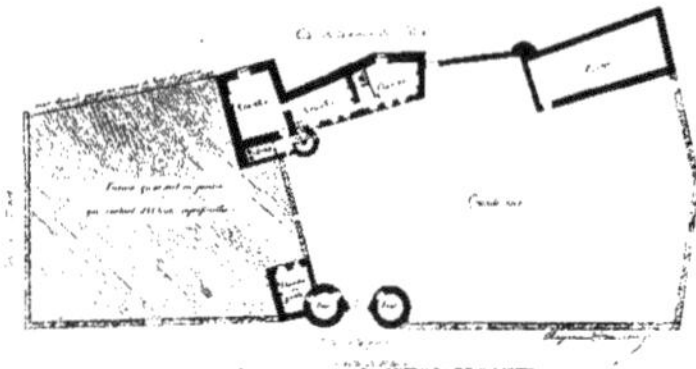

S'il est assez facile de se rendre compte de la disposition et de l'aspect général du château de Lusignan tel qu'il existait au moyen âge, il est moins aisé de fixer la date des diverses parties qui le composaient. Le château primitif de Hugues II le Cher avait été évidemment reconstruit et augmenté dans des proportions considérables aux XIIe et XIIIe siècles, époques de la plus grande puissance de ces célèbres seigneurs. Hugues IX et Hugues X, l'époux de la comtesse-reine, sont presque certainement les fondateurs de ces robustes et élégantes tours, de ces vastes logis, de ces fortes murailles dont les anciens dessins nous ont transmis l'intéressante silhouette. Le caractère si régulier et si beau de l'appareil de quelques murs et de quelques bases de tours, sur le penchant septentrional du coteau, quoique insuffisant pour donner leur âge d'une manière précise, paraît néanmoins très conforme au style architectural de la fin du XIIe et du commencement du XIIIe siècle. Les restaurations de Jean, duc de Berry, n'auront pas modifié le caractère général du château. Les toitures élancées et les fenêtres à croisillons sont évidemment son œuvre. Il doit être aussi l'inspirateur de la représentation *en grande stature*, placée sur la grande porte du château, du terrible Geoffroy à la Grand'dent, fils de Mélusine, dont Brantôme parle avec admiration. Geoffroy n'a jamais été seigneur de Lusignan. Mais le duc de Berry, qui avait fait écrire le roman de la fée-serpent, aura voulu que l'image d'un des principaux héros de la légende figurât sur l'entrée même du château qui fut le berceau de sa race, de même qu'il avait fait placer sur une des principales tours la représentation en métal doré de Mélusine. Les travaux ordonnés par Louis XI consistèrent surtout en réparations, à l'exception, toutefois, d'une chapelle construite à neuf. La physionomie générale du château, lors de sa chute en 1575, n'avait donc pas perdu son caractère militaire de forteresse féodale que lui avaient imprimé ses fondateurs, les vieux seigneurs de Lusignan.

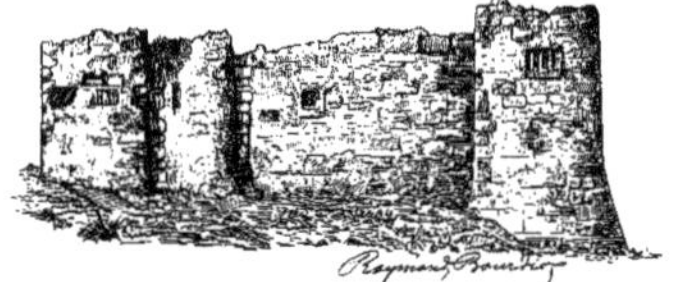

Ruines du château de Lusignan en 1782, sur lesquelles on a bâti l'école.

(1) Voir le fonds, Chastillon, cabinet des Estampes, à la Bibliothèque nationale.

L'ÉGLISE DE NOTRE-DAME

L'église de Notre-Dame, fondée, comme nous l'avons dit, par Hugues IV le Brun, en 1025, est un vaste édifice de style roman, en forme de croix latine, long de 57 mètres sur une largeur de 16 mètres. Elle est divisée en trois nefs et sept travées par deux rangs de piliers composés chacun d'un carré flanqué de deux demi-colonnes engagées sur chaque face, excepté sur celle regardant les bas côtés. Les voûtes des trois nefs sont en berceau. Toutefois, celles des cinq premières travées de la grande nef, ruinées par l'artillerie du siège de 1574, ont été refaites en croisées d'ogive au xviie siècle. (*Voir planche 4.*) Tous les chapiteaux sont historiés ou décorés de jolis feuillages et entrelacs. Les pointes de diamant, rosaces ou volutes sculptées sur les angles de plusieurs piliers, forment une ornementation d'un très bon effet.

Une coupole sur trompes recouvre l'intersection des transepts voûtés en berceau. Au-dessus s'élève un clocher carré. Une profonde abside en hémicycle termine l'église. Sa voûte en cul-de-four est munie de nervures entre-

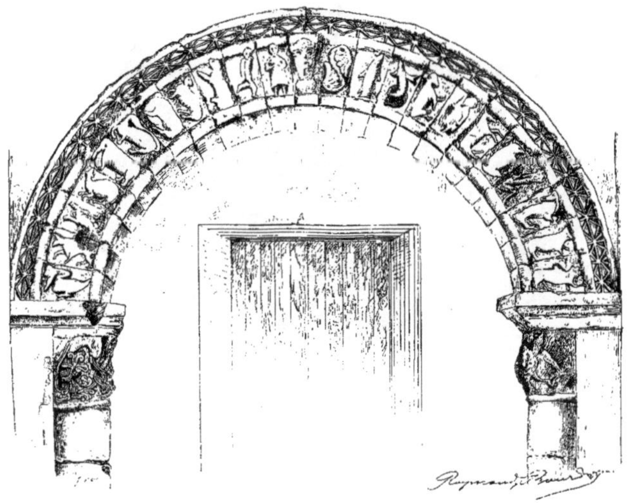

croisées, retombant sur des colonnettes qui séparent les cinq fenêtres dont elle est percée. Des colonnes avec chapiteaux sculptés décorent sa surface circulaire extérieure. Des colonnettes du même genre accompagnent les pieds-droits des fenêtres à plein cintre et supportent leurs archivoltes ornementées. Une absidiole s'ouvre sur chacun des bras du transept. L'absidiole de droite, dont l'arc ouvert sur l'église est en tiers-point, est éclairée par trois baies. Sa décoration extérieure ressemble à celle de l'abside principale. (*Voir planche 5.*) L'absidiole de gauche, voûtée en plein cintre et en cul-de-four, a des proportions beaucoup plus petites. Une seule fenêtre l'éclaire. Sur sa surface extérieure, il n'y a que des pilastres ou contreforts très plats, et la fenêtre en plein cintre, à petits claveaux, ne présente ni colonnettes, ni aucune ornementation. Cette absidiole appartient évidemment à la construction primitive du xie siècle, tandis que presque toute l'église, sauf la muraille du sud, comme nous le dirons tout à l'heure, accuse franchement le style roman du xiie siècle. (*Voir planche 5.*)

Une porte latérale, qui s'ouvre au nord dans la sacristie moderne, mettait autrefois l'église en communication avec le prieuré. L'archivolte qui se développe autour de son arc en plein cintre présente une très riche décoration romane. Sur chacun de ses claveaux sont sculptés des animaux, les uns réels, les autres fantastiques, et quelques personnages. Un masque humain occupe le claveau central. (*Voir le dessin page 23.*) L'autre porte latérale qui s'ouvre au sud, sur une rue de la ville, n'appartient pas au même style. Elle est de la fin du xve siècle. Un beau et vaste porche de la même époque la précède. On y pénètre par une ouverture en arc aigu dont la profonde voussure est formée de sept ou huit nervures prismatiques, à la fois colonnes et archivoltes, car aucun chapiteau ne vient rompre leurs lignes depuis les bases jusqu'à la fermeture de l'arc. Cette ouverture est accompagnée de pilastres appliqués. Les rampants de l'arcature sont ornés de crochets. La porte proprement dite, encadrée par cette grande ouverture, est en arc surbaissé et partagée en deux parties par un pilier ou trumeau prismatique. Le tympan qui la surmonte est dépouillé depuis longtemps des trois statues qu'il contenait, probablement la Vierge et saint

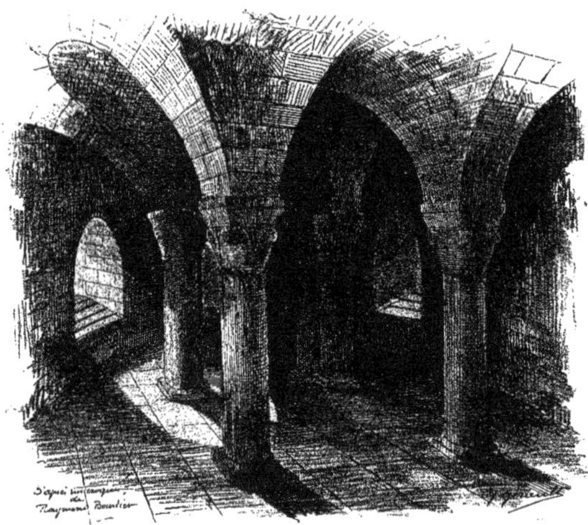

Crypte de l'église Notre-Dame.

Junien, dont il ne reste plus que les consoles et un dais. Le porche se termine par un grand pignon triangulaire. (*Voir planche 3.*)

Sous l'abside principale, dont le sol est sensiblement plus élevé que celui du reste de l'église, règne une crypte intéressante dans laquelle on descend par deux escaliers latéraux. Six colonnes la divisent en trois nefs et trois travées. Leurs socles ornés de griffes indiquent nettement le style du xiie siècle. Des voûtes en arêtes recouvrent la crypte. (*Voir le dessin ci-dessus.*)

Le clocher carré qui s'élève sur la coupole de l'intersection des transepts se compose de deux étages. Quatre arcatures aveugles, ornées de pointes de diamants, décorent le premier étage sur chaque face. Le second étage présente également chacune de ses faces percée de quatre baies cintrées, accompagnées de groupes de colonnettes qui se répètent aux angles du clocher. Un troisième étage devait exister, si l'on s'en rapporte à une vieille vue de Lusignan, par Chastillon. Il est certain tout au moins que la corniche manque. La tourelle de l'escalier du clocher flanque un de ses angles. Une autre tourelle d'escalier conduisant sur les voûtes, placée dans l'angle du transept méridional, est recouverte d'une toiture conique à écailles imbriquées. (*Voir planche 5.*)

La plus grande partie de l'église de Notre-Dame, pour ne pas dire l'édifice tout entier, appartient donc, on le voit, au style roman du XIIe siècle. Certaines portions, toutefois, doivent dater de la première construction commencée en 1025. Si on examine avec quelque attention la muraille méridionale de la nef, on y remarquera le petit appareil rustique et grossier dont elle se compose, ainsi que les traces très apparentes d'une petite porte cintrée avec des claveaux très réguliers, mais très exigus. Ce n'est pas là le mode de construction bien plus parfait des autres parties de l'église. Il est plus ancien. Nous avons fait remarquer également le caractère simple et primitif de l'absidiole de gauche, absolument différente des autres absides. La conclusion qui semble découler de cette constatation, c'est que les murs de la nef datent de la construction primitive du XIe siècle, et que la division de l'église en trois nefs a été conçue et exécutée au XIIe siècle, sans qu'on se soit donné la peine de les détruire. C'est ce qui explique le peu de largeur des bas côtés et l'absence sur cette face des deux demi-colonnes engagées des piliers. Par conséquent, l'église du XIe siècle était couverte en bois. Toutes les voûtes sont du XIIe siècle seulement, et pour les contrebuter, il a fallu ajouter les gros contreforts qui existent encore.

Si maintenant l'on recherche la date précise de la reconstruction du XIIe siècle, on éprouvera quelque difficulté, par suite de l'absence de texte écrit. Mgr Cousseau, dans son Mémoire sur l'église de Lusignan, invoquant une charte non datée de donation de cet édifice, faite à l'abbaye de Nouaillé par Hugues de Lusignan, à une époque qu'il croit pouvoir fixer à l'année 1110 environ, en conclut qu'il faut y voir la date de son achèvement. Mais la participation de l'évêque de Poitiers, Isembert, à cet acte, le reporte nécessairement en arrière, à une époque antérieure à l'an 1087. Cette donation ne s'applique donc qu'à l'ancienne église du XIe siècle. La date de celle du XIIe siècle, rebâtie évidemment par les moines de Nouaillé qui en étaient possesseurs, demeure incertaine, mais peut être placée cependant, sans danger d'erreur considérable, dans le premier tiers du siècle.

Profondément mutilé pendant les guerres de religion, mal entretenu ensuite par les prieurs commendataires, ce beau monument, livré aux plus tristes dégradations par la Révolution, courut les plus grands dangers. Les réparations entreprises en 1810 par l'initiative du curé, M. Joseph Fradin, le sauvèrent et permirent de le rendre au culte. Mais rien de ce qu'il contenait n'a échappé. Les tombeaux des Lusignan, ses fondateurs, des prieurs et autres personnages qui, nécessairement, devaient s'y trouver, ne sont plus qu'un souvenir. Le comité des Monuments historiques, qui l'a classé parmi les édifices dignes de conservation, y a opéré d'intelligentes restaurations qui assurent désormais son avenir.

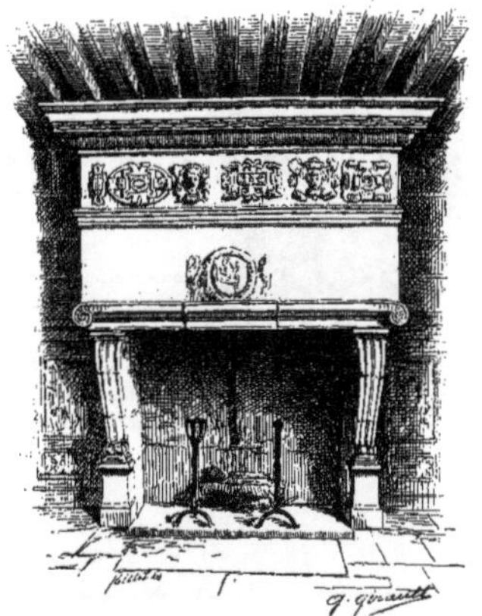

Cheminée XVIe siècle de l'ancien château de la Boujatière, près Sanxay.

JAZENEUIL

L'antiquité de Jazeneuil, *Zezinoialo viculo*, VIIe siècle. *Gazenogilum*, 1110, *Jazanoyl*, 1267, est attestée par la vie de saint Léger. En 681, l'évêque de Poitiers, Ansoald, conduisit le corps de saint Léger jusqu'à ce *vicus*. Les moines de Saint-Maixent, dont cet illustre personnage avait été abbé, vinrent l'y recevoir en grande pompe et l'emportèrent ensuite dans leur monastère.

Au commencement du XIIe siècle, il y avait à Jazeneuil trois églises : Saint-Maurice, Saint-Macou et Sainte-Geneviève, qui étaient l'objet de contestations fort vives entre l'abbaye de Saint-Maixent et celle de la Chaise-Dieu, en Auvergne. L'évêque de Poitiers, Pierre II, chargé par le pape de juger l'affaire, les adjugea à l'abbaye de la Chaise-Dieu, en 1111. De son côté, Hugues le Brun, sire de Lusignan, prétendit que le droit de cette abbaye était injuste et déclara, vers l'année 1120, à l'évêque, qu'il tenait ces églises en fief de l'abbaye de Saint-Maixent. Un de ses successeurs, Hugues XI, en 1248, rend encore hommage du fief de Jazeneuil à l'abbaye de Saint-Maixent (1).

Quoi qu'il en soit, l'église de Jazeneuil, dédiée à saint Jean-Baptiste, qui ne tarde pas à figurer seule, à la place des trois autres désignées ci-dessus, demeura en la possession de l'abbaye de la Chaise-Dieu jusqu'à la Révolution, ainsi que l'attestent les documents depuis le pouillé de Gautier.

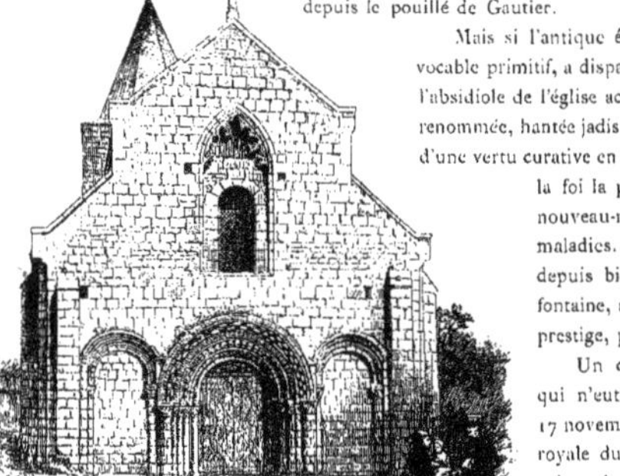

Église de Jazeneuil en 1890, façade ouest.

Mais si l'antique église de Saint-Macou, ou du moins son vocable primitif, a disparu, une belle fontaine qui jaillit derrière l'absidiole de l'église actuelle, en a retenu le nom. Cette source renommée, hantée jadis par quelque fée bienfaisante, était douée d'une vertu curative en laquelle les habitants du pays professaient la foi la plus vive. Les mères y plongeaient leurs nouveau-nés, qu'elles croyaient ainsi préserver des maladies. Saint Macou ou Maclou, qui a détrôné depuis bien longtemps la divinité gauloise de la fontaine, a hérité de sa puissance et conservé son prestige, pour ainsi dire, jusqu'à nos jours.

Un combat d'une certaine importance, mais qui n'eut d'ailleurs aucun résultat, fut livré, le 17 novembre 1568, près de Jazeneuil, entre l'armée royale du duc d'Anjou et l'armée protestante du prince de Condé.

Les droits de péage et de foire de Jazeneuil constituaient un fief relevant féodalement de Lusignan. Un autre fief, le vieux château de Jazeneuil, relevait de Curzay.

Le prieuré du Bois-Métais, mentionné dès l'année 1218, dépendait de l'abbaye de la Réau. Plus tard, il fut desservi dans l'église de Jazeneuil. La paroisse de Jazeneuil faisait partie de l'archiprêtré de Sanxay, de la châtellenie et ressort de Lusignan et de l'élection de Poitiers (2).

L'ÉGLISE

L'église de Jazeneuil est une œuvre remarquable de l'art roman de la fin du XIe ou du commencement du XIIe siècle. Elle se compose d'abord de l'ancienne nef unique, dépourvue de voûtes dans l'origine et aujourd'hui transformée, depuis plusieurs années, en trois nefs voûtées, au moyen de deux rangs de piliers qu'on y a ajoutés;

(1) *Gallia christiana*, II, 1168. — Cartul. de Saint-Maixent.
(2) *Dict. topogr. de la Vienne*, par M. Rédet.

puis d'un transept et de deux absides dont la principale, très profonde, termine l'église, et l'absidiole du bras droit du transsept. Le bras gauche et son absidiole n'existent plus depuis longtemps.

La façade de l'ouest présente, dans sa partie inférieure, la disposition ordinaire des églises romanes de la contrée : une porte centrale accompagnée de deux arcatures aveugles de même hauteur et en plein cintre. Quatre archivoltes se développent autour du cintre de la porte. L'une est ornée d'un damier, l'autre de billettes, une autre de festons et la dernière de palmettes. Les chapiteaux des colonnettes sur lesquelles elles retombent sont tous historiés. Les archivoltes et les chapiteaux des arcatures latérales sont sculptés dans le même genre, mais plus sobrement. La partie supérieure du pignon a été remaniée à une autre époque. Une fenêtre gothique, partagée par un meneau avec ogives trilobées, y a été pratiquée, puis condamnée et mutilée. (*Voir le dessin page 26.*)

Une coupole hémisphérique recouvre l'intersection des transepts et repose sur quatre piliers réunis par des arcs en tiers-point assez peu accentué. Le clocher carré qui la surmonte n'est plus qu'un reste bas et informe de l'ancienne tour. Le transept de droite a conservé ses voûtes romanes anciennes, ainsi que son absidiole. Une petite porte cintrée, entourée d'un cordon de dents de scie, s'ouvre au midi dans ce transept dont le pignon, aux rampants ornés de crochets, a été surélevé au XVe siècle. (*Voir planche 8.*) Deux fenêtres, avec archivoltes ornées de billettes, l'éclairent. Une autre porte romane, qui s'ouvre au nord dans la nef, mérite d'être signalée. L'ornementation de ses archivoltes est un petit modèle du genre.

Mais la partie la plus brillante de l'église de Jazeneuil, ce sont les absides. La base circulaire extérieure de la grande abside est enveloppée d'une série d'arcatures supportées par des pilastres dont les chapiteaux sont richement sculptés et dont les angles sont semés du haut en bas de jolies petites rosaces. Au-dessus s'ouvrent cinq fenêtres en plein cintre. L'absidiole n'en a que trois. Ces fenêtres, entourées d'une archivolte à dents de scie et accompagnées de colonnettes, sont séparées les unes des autres par des pilastres flanqués de trois colonnes. Ces pilastres, dont la saillie produit beaucoup d'effet, montent depuis le pied de l'abside jusqu'à la corniche, également ornementée et soutenue par des modillons historiés. Tout l'ensemble de cette décoration extérieure du chevet est véritablement riche et élégant. (*Voir le dessin ci-dessous.*)

B. LEDAIN.

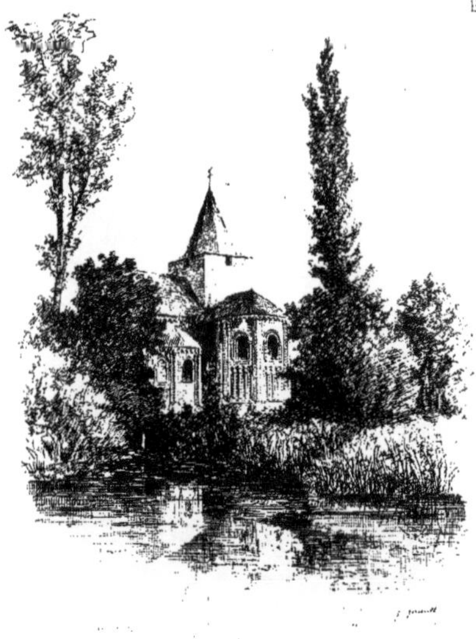

Chevet de l'église de Jazeneuil.

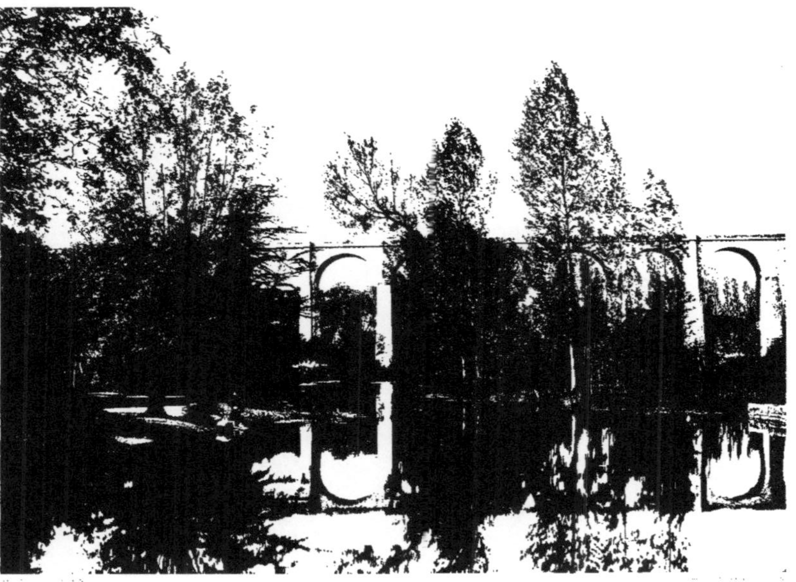

LUSIGNAN (VIENNE)

LE VIADUC

Vue prise du Moulin de la Cau-Chron, au Sud

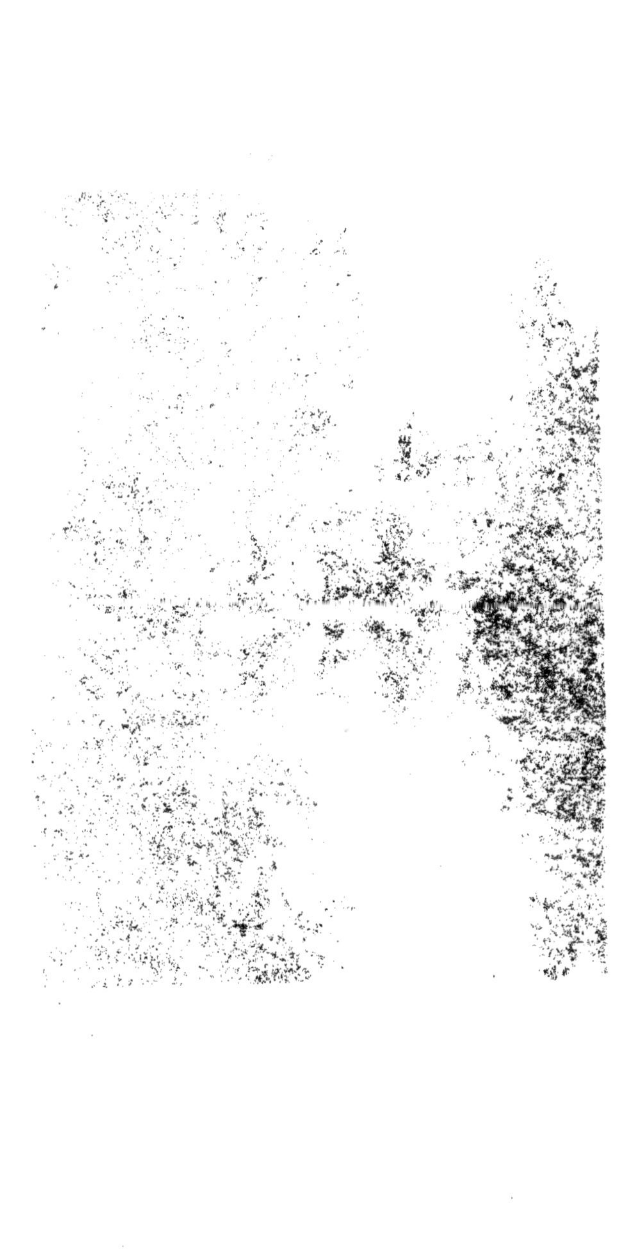

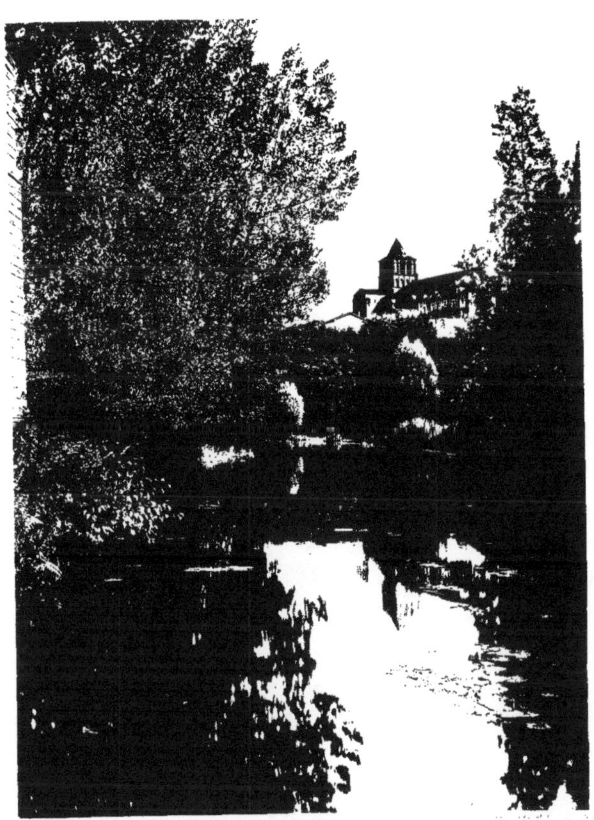

LUSIGNAN (Vienne)

LA VONNE

Vue prise en amont du Moulin de la Vau-Chiron, sous le Viaduc.

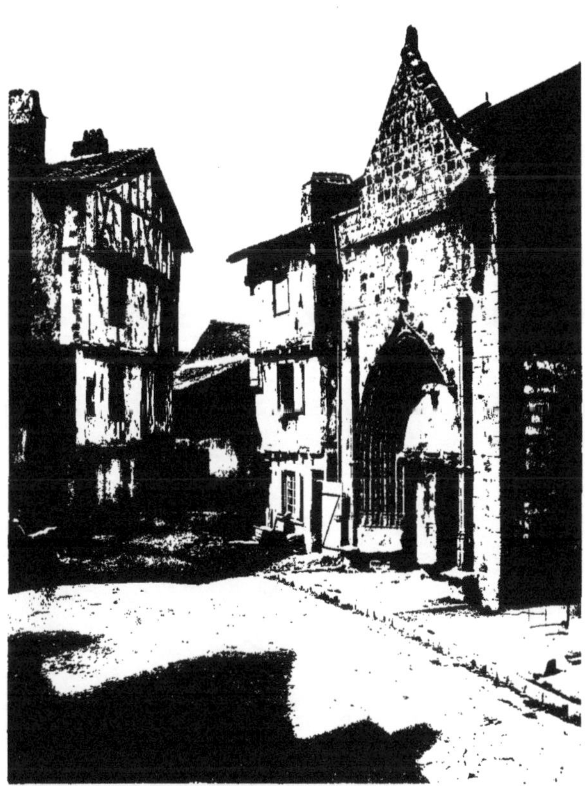

LUSIGNAN (VIENNE)

L'ÉGLISE

Portail Ouest et Place du Marché

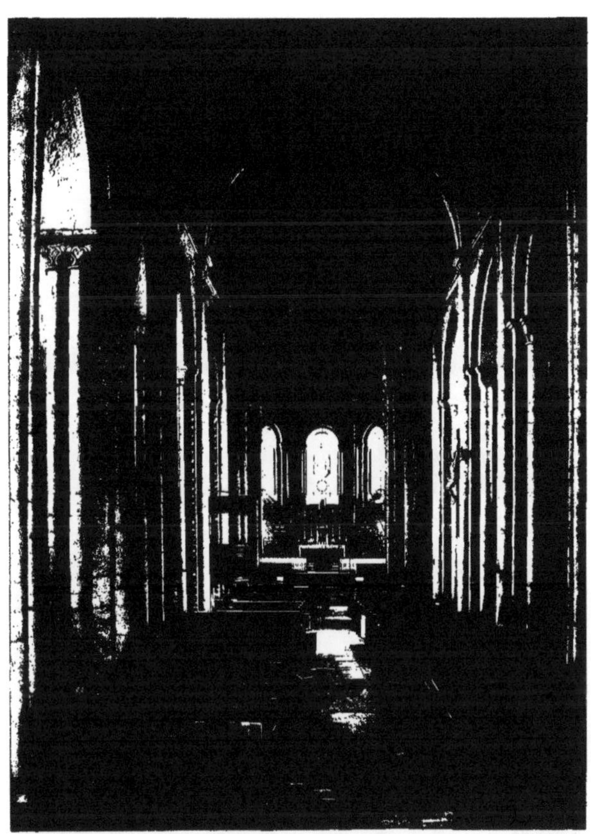

LUSIGNAN (VIENNE)

L'ÉGLISE NOTRE-DAME

Vue intérieure de la grande Nef.

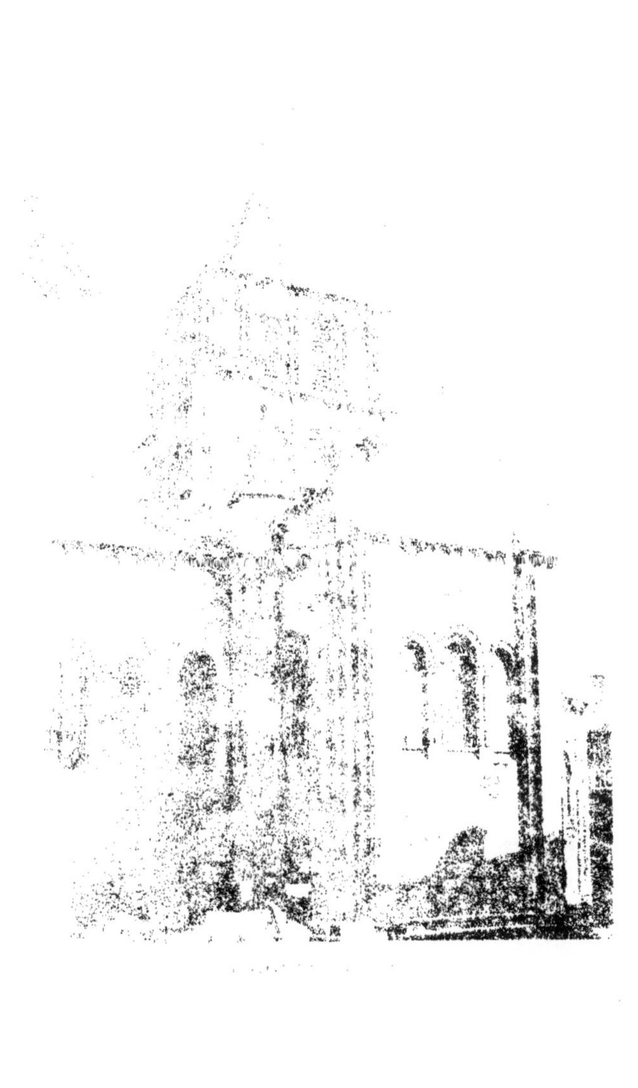

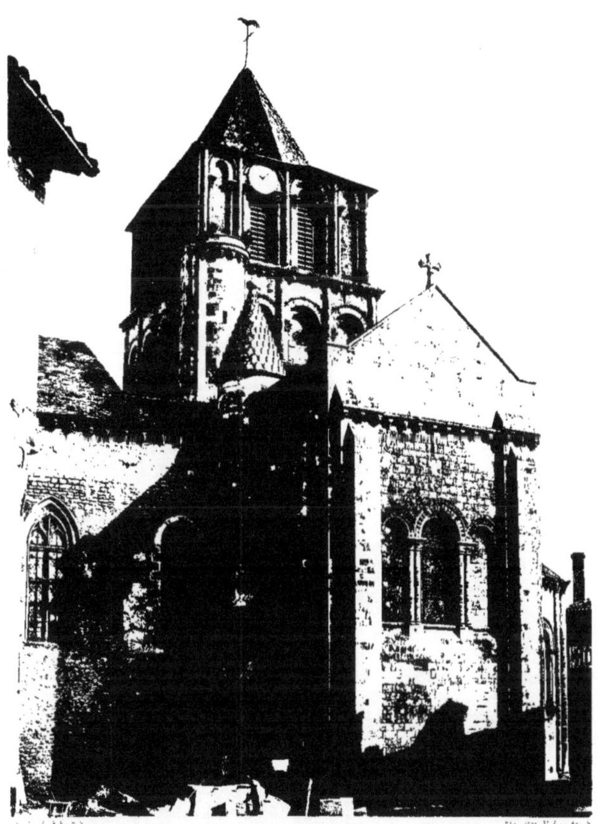

LUSIGNAN (VIENNE)

L'ÉGLISE

le Bras Sud du transept et le clocher.

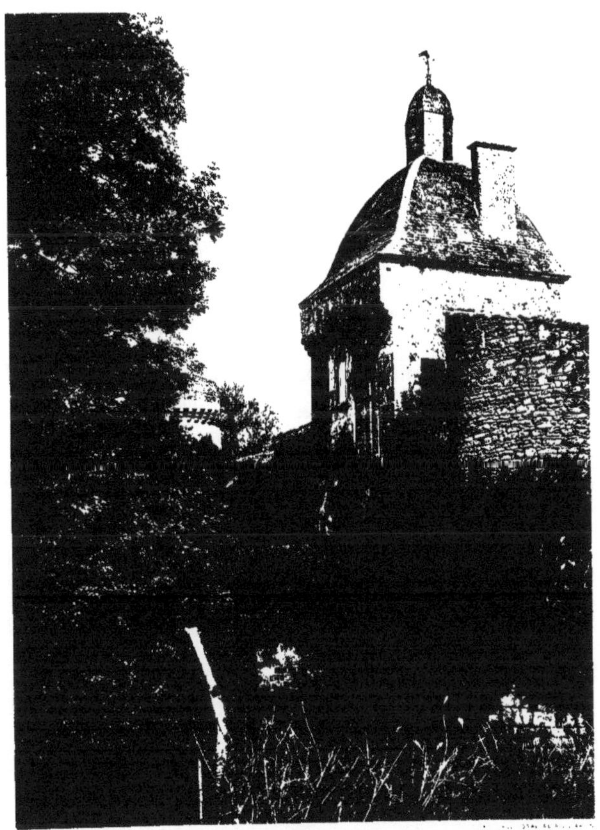

SANXAY (VIENNE)

CHÂTEAU DE MARCONNAY

Vue extérieure prise au Sud-Est de l'Entrée.

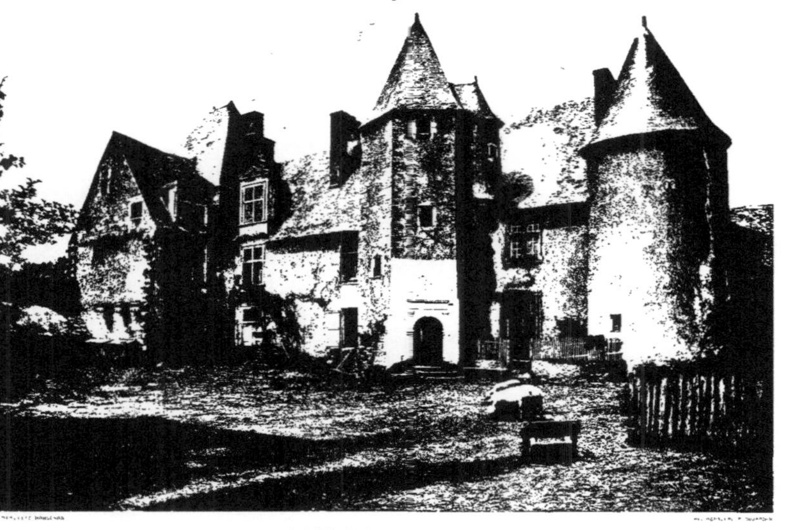

SANXAY (VIENNE)

CHÂTEAU DE MARCONNAY

Vue prise à l'Intérieur de la Cour au Sud-Est.

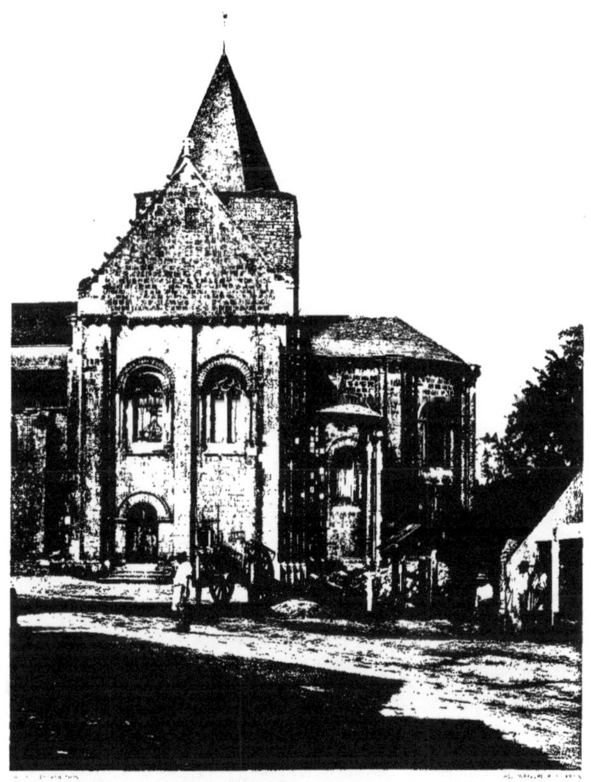

JAZENEUIL (VIENNE)

L'ÉGLISE

Façade latérale Sud.

www.ingramcontent.com/pod-product-compliance
Ingram Content Group UK Ltd.
Pitfield, Milton Keynes, MK11 3LW, UK
UKHW021652260726
13994UKWH00003B/1437